为每一个学生的
幸福成长奠基

启良中学"明强"教育理念下的课程构建

陆正芳◎著

华东师范大学出版社
·上海·

图书在版编目(CIP)数据

为每一个学生的幸福成长奠基:启良中学"明强"教育理念下的课程构建/陆正芳著. —上海:华东师范大学出版社,2023
ISBN 978 - 7 - 5760 - 3970 - 2

Ⅰ.①为… Ⅱ.①陆… Ⅲ.①中学-课程建设-研究 Ⅳ.①G632.3

中国国家版本馆 CIP 数据核字(2023)第 165456 号

为每一个学生的幸福成长奠基
——启良中学"明强"教育理念下的课程构建

著　　者	陆正芳
责任编辑	王习丹
责任校对	廖钰娴　时东明
装帧设计	卢晓红

出版发行	华东师范大学出版社
社　　址	上海市中山北路 3663 号　邮编 200062
网　　址	www.ecnupress.com.cn
电　　话	021 - 60821666　行政传真 021 - 62572105
客服电话	021 - 62865537　门市(邮购)电话 021 - 62869887
地　　址	上海市中山北路 3663 号华东师范大学校内先锋路口
网　　店	http://hdsdcbs.tmall.com

印 刷 者	常熟市文化印刷有限公司
开　　本	787 毫米×1092 毫米　1/16
印　　张	9.75
字　　数	152 千字
版　　次	2023 年 11 月第 1 版
印　　次	2023 年 11 月第 1 次
书　　号	ISBN 978 - 7 - 5760 - 3970 - 2
定　　价	38.00 元

出版人　王　焰

(如发现本版图书有印订质量问题,请寄回本社客服中心调换或电话 021 - 62865537 联系)

自 序

幸福是我们追求的永恒主题和为之奋斗的强大动力。追求幸福能激发人类改造世界的无限激情。教育是培养人发展的活动，也是以促进人的幸福为本真价值追求的活动。学校教育就是要帮助学生具备认识幸福、体验幸福和创造幸福的能力。

对幸福教育的价值追求，一直是我的教育初衷。我负责上海市嘉定区德育研究工作已有14年，2012年领衔开发了中小幼一体化的区本课程"学生幸福课程"，制定了《幸福课程大纲》，编写出版了15册《幸福课程学生指导手册》。

幸福课程是一门促进学生个性发展与社会化发展的综合性课程，旨在为学生生涯发展导航。依据社会发展需求和学生主体发展规律，幸福课程以培养具有幸福生活能力的学生为核心理念，确立了培养健康人格、培育公民素养的总体目标，以方法指导和生活实践体验方式，培养学生获得幸福和自信所需要的自我认知能力、健康生活能力、有效学习能力、社会交往能力、团队合作能力、社会履职能力等。2017年，我担任启良中学书记、校长，把幸福教育理念融入了学校。令人欣慰的是，幸福课程并没有因为我的岗位调动而夭折，而是在全区中小幼学校全面推广，落地生根，枝繁叶茂。

启良中学创立于1904年，学校先贤曾以"当今要唤起民众，启发良知，教育救国，振兴中华"为办学宗旨，遂以"启良"为校名。1934年，浦泳老先生担任校长，他提出把"明强"作为启良的校训，激励启良学子不仅要具有"良知"，而且要自强不息地学好科学文化，练好强壮的体魄，不断完善健全的人格。

作为一所百年老校，在不断创新求进步的自身需求下，我们将百年"明强"校训的精神内核与学生培养目标相融合，提出了"明德自信爱生活、明学自创会学习、明责自治有良知"的育人目标。明德自信爱生活，侧重的是身体、心理健康教育，包含生涯教育和生命教育；明学自创会学习，侧重的是学习动机、学习方法和创新思维的培养；明责自治有良知，侧重的是规则教育、自我管理、亲社会行为和社会公德教育。

基于此，我们根据教育发展进程中存在的主要问题，推出"明强"课程建设项目，注重文化价值引领，形成积极向上的办学氛围和协同育人氛围，致力于学校整体办学水平的显著改善。在重新梳理学校课程的基础上,我们把国家课程、地方课程和校本课程融合成具有启良特色的"明强"课程结构,各类课程的目标都指向"明强"目标,并在各类课程目标的基础上建立课程校本化实施的课程结构图谱群。目标之间不是相互孤立的,每一类课程都有其侧重点、关注点,在课程实施中有所区别。

同时,我们扎实推进幸福课程校本化实施,着力开展"幸福成长学堂"校本课程的开发与实践,完善学校"明强"课程目标、内容和结构体系,将幸福课程理念和目标融入三大类课程与教育教学活动全过程。在完善"明强"课程体系的同时,重点实施五育融合的"明强学子"幸福成长计划,推进五大项目,为学生幸福人生奠基。五大项目分别是学生自主管理机制建设项目、生涯指导综合课程研发项目、品德发展与公民素养专项评价项目、家庭教育指导课程研发项目和班主任校本培训课程研发项目。

通过多年的研究实践,学校已形成具有启良"明强"特色的课程项目,提升了课程品质,并通过经验推广,在区域内产生了一定的影响力。启良学子朝气蓬勃的精神风貌受到社会各界的广泛好评。本书大部分内容来自我们多年实践经验的积累,其中既带有理论的色彩,又带有实践的温度,阐述了学校课程提升的行动框架与方法策略,聚焦学生生涯教育、社会实践、探究学习,关注学生个性特长的培育,丰富学生的学习实践经历,为学生幸福人生奠基。由于水平有限,还有很多的缺憾和不足需要我们在今后的办学过程中继续修正与思考。

目 录

第一部分 课程建构起点 1

    第一章   历史底蕴   3
            第一节   历史沿革展现启良风貌   3
            第二节   民族精英撑起百年老校   7
            第三节   浦泳先生与"启良"之名   10
    第二章   当代发展   15
            第一节   教育理念积淀下的培养目标   15
            第二节   课程改革困境下的发展思路   18

第二部分 课程构建的"明强"逻辑思路 21

    第三章   课程构建的顶层设计   23
            第一节   彰显学校课程改革目标   23
            第二节   构建学校"明强"课程体系   28
            第三节   满足学生幸福发展的需要   31
    第四章   教学质量保障把关课程实施水平   36
            第一节   备课辅导促进教学方法改进   36
            第二节   教学管理强化教学质量改革   41
            第三节   作业设计提高知识掌握水平   45
            第四节   教学评价突破课程发展瓶颈   60
    第五章   关注学生个人成长发挥育人功能   68
            第一节   发展养成教育培育学生良好习惯   68
            第二节   建设少先队组织实现自我管理   71

第三节　家校协同育人构建健康成长环境　77

第六章　教师素养提升助推教学质量升级　84

第一节　师德建设淬炼教师的高尚品格　84

第二节　教研组建设搭建教师学习平台　86

第三节　班主任建设总结班级管理经验　92

第三部分　课程构建的"明强"实践探索　97

第七章　基础课程夯实学生发展起点　99

第一节　数理类课程培育逻辑思维　99

第二节　人文类课程熏陶文化底蕴　107

第三节　艺术类课程培育审美能力　119

第八章　"幸福成长学堂"铸造学生幸福基础　122

第一节　"最美和声"树立"明强"学子形象　122

第二节　职业生涯规划聚焦学生未来发展　125

第三节　社会实践活动助推学生全面成长　129

第九章　"文化艺术学堂"丰富学生综合素养　132

第一节　书法艺术拓宽学生个性成长道路　132

第二节　传统体育特色锤炼学生身体素质　133

第三节　文化实践活动发扬优秀传统文化　135

第十章　"创新思维学堂"汇聚学生创新意识　138

第一节　创新思维培养的重要时代价值　138

第二节　主题式跨学科课程设计与实施　139

第三节　研学实践活动拓宽学生科学视野　143

参考文献　146

第一部分

课程建构起点

第一章
历史底蕴

第一节 历史沿革展现启良风貌

我校的发展经历了近百年的历史变化。1914年,由清朝举人顾其义(字宜仲)发起筹建新学堂,得到邑人汤颂蟾、汤致和昆仲的赞同,先后利用汤氏东大街归家桥的故室及北门横塘桥西塊葛氏宗祠作为临时校舍。顾其义任校长,汤氏兄弟任教师,设班级两个。经费除收取学生的书杂费外,不足部分由汤氏亲属捐助。1915年前后,由周本培、汪树群等于1904年在嘉定城东门的小学桥南塊创办的智东学堂停办,并入启良,由此启良校史上溯至1904年。不久顾其义逝世,由清朝廪生戴思恭(字伯寅)继任校长。

1920年3月,由于入学人数增多,原有校舍不敷使用,急需觅求一妥善之处,以便学校的长远发展。当时校长戴思恭先生曾为江苏省咨议局议员,在县内有一定声望。经他倡议,整修城隍庙北侧秋霞圃旧园以作校舍,并聘请汤颂蟾、汤致和、戴思恭、戴贵吾、顾吉生、项远邨、陈达哉、汪望农、张鸿年、唐叔璆、叶拜石等地方知名人士及富商巨贾组成校董事会。嗣后便由董事会出面,地方上工商界人士筹款修葺秋霞圃,并以"凝霞阁"为主体,修缮成一幢两层楼和其他屋宇,还在城隍庙东北侧建成了四五百平方米的"风雨操场"。原"屏山堂"用作教务处,其他空屋辟为图书室、学生活动室和小卖部,学校初具规模。

1927年,戴思恭辞职,由董事会成员叶涛(字拜石)继任校长,而实际负校务之责者为葛翊唐,负经济之责者为汤致和。1934年起,改由浦泳任校长(其1928年8月起被聘为启良小学教员,1933年任教务主任)。浦泳为学校题写校训"明强"。1937年日机轰炸嘉定城区,启良学校校舍中弹,几成废墟。不久嘉定沦陷,学校遂停办。

启良学校从创始至抗战时停办,其间毕业学生十四届共 500 余名。其中不少人后来都成了社会著名人士。如中共地下党嘉定县委第一任书记沈金生(号秉安,男,1904—1928 年)和陈楚平(女,1914—1980 年,曾任邓颖超秘书、全国妇联书记处书记)少年时就在启良学校就读。抗战胜利后的次年,浦泳先生筹备组织复校委员会,募集经费、修复校舍、延聘师资、招收学生,终于在 1946 年 9 月 1 日又使中断了近十个年头的启良学校恢复开学,浦泳仍任校长,董事长为朱彤轩。复校后,共计有高小两班,初小五班,教职员 11 人,学生 205 人。莘莘学子经八年战火,重又获得入学读书机会。

但高兴之余,又觉不足。当时县内只有县立中学一所,规模小,招收初中学额有限,许多小学毕业生升学无着,至外地就学则又受经济能力掣肘,因而社会舆论呼吁复校后的启良学校能及早开设初中部,以解决这批学生读初中的问题。于是热心办学的社会名流、著名教育家廖世承(解放后任上海师院院长)、吴蕴初、胡厥文(原全国人大委员会副委员长)、杨卫玉、陈傅德、高介人、葛建时、周兆熊、浦泳等组成"嘉定县私立启良初级中学董事会",由廖先生任董事长(廖先生去职后由胡厥文先生继任),募集了开办费五千万元,基金一亿元(均为旧币)。经考试录取初一新生两班,初中二年级转学生一班,启良学校中学部由此诞生。

1949 年 5 月 13 日嘉定解放,启良学校结束了物价飞涨、惨淡经营的苦难历史,获得了新生,从此走上了人民办学、国家支持的坦途。当时启良学校中学部有 5 个教学班 219 名学生,教员 15 人,小学部有 7 个教学班 266 名学生,教员 15 人,已成为县内规模较大的学校。

1956 年在社会主义改造高潮中,启良学校经嘉定县人民政府接收,由私立学校变为公立学校,校名改为嘉定县城区第一初级中学,由浦泳任校长。原有小学部保留在秋霞圃内西侧,单独建制,六十年代中期迁址城中路,改称城中路小学。学校历经半个世纪沧桑,启良校名于是湮没。

1958 年,浦泳校长被错划为右派,调往南翔中学任教,由张良明任校长。1960 年,张良明校长奉调至嘉定县农业学校工作,改由孙瑾贞任校长。1966 年起的十年文化大革命期间,城区一中已无学校的样子,教育秩序和教育质量更是无从谈起了。1972 年 2 月,经上级决定将嘉定县城区第一初级中学与毗邻的嘉定县人民中学(民办)合并，定校名为嘉定县城区第一中学，高中部由此诞生，任命张良明为校长，孙瑾贞为副校长。两校合并后，学校规模扩大，计有 30 个教学班，1406 名学生，教职工 107 人。

1979 年，为了适应教育改革形势的需要，学校在县财政局、教育局的支持下，开办了两个会计中专班，至 1982 年会计班 80 余名毕业生全部毕业。这些毕业生被县财政局、税务局、银行和其他企事业单位录用，成为财会战线上的一支生力军，缓解了财会人才缺乏的矛盾。与此同时，学校的初、高中教育质量经拨乱反正，逐步提高，在恢复高考制度后，有大批毕业生考入高校，向社会显示了学校教育的成效。

党的十一届三中全会以后，国家各项事业百废俱兴。为了恢复秋霞圃历史名园的面貌，上海市和嘉定县政府决定扩建秋霞圃，修复城隍庙，为此于 1981 年 12 月 25 日县长办公会议上决定动迁本校，新校址选定在秋霞圃河北清河支路（现为启良路）东段与金沙路交叉口北侧，整个动迁工程补偿费为 7 360 000 元。学校设计规划为 24 个班级配套的完全中学。经两年多的建设，于 1984 年竣工，共计建筑面积 6 066 平方米，建有教学楼两幢、实验楼一幢、办公楼一幢与食堂一幢，并于该年年底修建了 250 米跑道田径场一块及水泥篮球场四块。整个校舍场地建筑经费近百万元。

从 1904 年兴办启良学校至 1984 年学校搬入新校舍，整整 80 年，学校从破败简陋的平房、祠堂、庙宇步入窗明几净、宽敞明亮的教学大楼，其间变化有天壤之别。1984 年 8 月，学校领导班子调整，教育局委派朱元林任校长兼党支部书记，许榕为副校长（原校长张良明调往嘉定电大任支部书记，副校长杨淑英不久即离休）。1987 年 8 月，应嘉定县部分人民代表提议（包括浦泳先生），为发扬启良学校光荣传统，经县人民政府批准，嘉定镇第一中学又复名为"嘉定县启良中学"。1990 年 8 月，徐福生任校长（朱元林调任实验中学校长）。1992 年嘉定撤县建区，学校更名为"嘉定区启良中学"。1996 年 8 月，王长林任校长（徐福生调任职业学校书记）。1997 年 8 月，嘉定区李园高级中学落成，区教育局调整办学布局，决定启良中学实行初、高中脱钩，停招高中学生，至 1999 年 7 月送走最后一届高中毕业生后，启良中学完成了长达 27 年完全中学的办学历程，又成为一所致力于初中教育的学校。

近 30 年来，学校规模一直保持在 30 个班左右、学生 1 300 人左右、教职工近 150 人。在上级党政部门的领导下，我校努力发扬启良学校的优良传统，不断端正办学思想，全面贯彻党的教育方针，面向全体学生，深入进行教育改革，在"加强初中，提高高中"的教育思想指导下，全体师生以"勤奋、严谨、求实、进取"的校训为动力，积极工作，努力学习，教育质量逐年提高。1986年被评为上海市加强初中教育先进集体，成为县里率先进入先进初中行列的第一所完全中学。学校每年向各高等院校、市或区重点高中、中等专业学校等输送大批优秀毕业生。学校的体育、文艺有光荣传统和明显特色，特别是体育的田径项目成绩卓著，1986年起曾获得上海市田径高水平运动队学校、全国传统项目先进集体等荣誉称号（田径项目传统学校一直保持至今），汤成祥、朱锦海老师曾被评为全国先进体育教师（个人）。这一时期，学校是区内公认的教育质量上乘、学生全面发展的普通中学。1997年11月，凤光宇任校长（王长林调任区教育局教育科科长）。1999年8月，黄中兴任校长（凤光宇调任区教师进修学院副院长）。自20世纪90年代末起，上级主管部门不断加大投资，分别对学校校舍进行装修和改造，至2006年底各楼外墙、地面、门窗、操场、阶梯教室等面貌焕然一新。2003年8月，邵佳明任校长（黄中兴调任迎园中学校长）。2004年初，嘉定区成立嘉定一中教育联合体，启良中学为联合体成员学校。区教育局决定学校由嘉定一中托管，并委派嘉定一中校长助理高康、校办主任刘建一分别担任我校校长和党支部书记。2006年8月，高康调任嘉定大众工业学校校长，我校校长由嘉定一中教务主任李春华接任，并在2008年起兼任党支部书记（刘建一任学校协理员）。2005年我校成为嘉定区二期课改基地学校，年底在区教育系统"创优质、争示范、推进素质教育"活动中被评为办学进步学校。

2008年初，毗邻学校的嘉定区教师进修学院搬迁至新址，经上级主管部门决定，将校舍划归启良中学，并投资800余万元，对学校的使用功能进行全面规划和改扩建，年底工程竣工。改扩建后的学校增设教学楼、电教楼、图书楼、阅览楼各一幢，对学校围墙、道路、绿化、供电、网络等做了全面改造，嘉定名人、学校创始人浦泳先生的汉白玉坐姿雕像被安置在图书楼前。启良中学经过近百年的风风雨雨、几代人的辛勤耕耘，终于成为一所功能齐全、设施一流、校园美观、环境舒适的中心城区学校。至2009年8月，嘉定一中托管工作结束，李春华调任区进修学院副院长，刘建一退休。

2009年8月，沈卫国任校长兼党支部书记，同时接受上海市学习科学研究所为期四年的两轮的委托管理工作，实行托管委员会领导下的校长负责制。由上海市学习科学研究所所长姚仲明任托管委员会主任,校长沈卫国任托管委员会副主任。

2009年10月,启良中学成为上海市学习科学研究所实验基地学校,并与上海市格致初级中学、上海市大同初级中学签约成为结对学校。

2017年8月,陆正芳任党支部书记兼校长。

2018年,学校抓住了中考改革和嘉定教育综合改革"砺新计划"的契机,提出了承担区教育学院教改基地学校的设想,在2018年4月学校被嘉定区教育局命名为"嘉定区教育学院教改基地学校",同时成立了学校第一届理事会,时任嘉定区教育局局长姚伟担任第一届理事会理事长。作为教改基地学校的目标定位非常清晰,聚焦中考改革重点内容,通过目标融合、管理融合、师资融合、课程融合、空间融合等五个融合来提升学校整体办学水平。

2018年6月,学校成为上海市初中强校工程实验校。学校要融合市强校工程实验校和区教育学院教改基地校的双重资源,在3—5年内实现强校计划。

2023年1月,学校完成了市强校工程实验校评估,成为上海市新优质备选校。

第二节　民族精英撑起百年老校

嘉定是一座历史文化名镇,素有"教化嘉定"之美誉。现今,在横沥河畔,南下塘街12号"潜研堂"的北侧有一块"中华人民共和国住房和城乡建设部国家文物局"授予嘉定"中国历史文化名镇"的铭文石碑。上面赫然写着:"嘉定镇得天时地理之利……交通便捷,舟楫码头处处,居民商铺林立,经济繁荣,人才辈出,园林精美,名宅棋布,遗存丰厚……始建于南宋十年的孔庙、沪上唯一的清代书院当湖书院以及现在的启良、普通、练西三所百年老校可窥嘉定自古以来崇文重教之一斑……"

嘉定历史上出了192名进士和3名状元,都被一一明确记录在嘉定的"中国科举考试制度陈列馆"中;还出现了一批彪炳史册的爱国外交家,具有民族气节的现代实业家、艺术家和教育家。

1904年,周本培、汪树群等人在嘉定创办了一所智东学堂。而1914年,清朝举人顾宜仲也借嘉定东大街汤氏故宅及北门葛氏祠堂办起了启良小学,后智东学堂停办,并入了启良学校。由此,启良学校校史即上溯至1904年智东学堂创办。顾宜仲逝世后由戴思恭先生任校长。继任校长后,由戴思恭倡议并博得乡绅同意,整修秋霞圃,在亭、台、楼、阁中改修房舍、教室、造风雨操场、教务室、图书馆、小卖部、学生活动室等,经费则全由校董会筹措。贫苦学生就读,也由当地绅士出资,免收学费。可见,从启良的开办到扩展,甚至贫困生的求学费用都是校董与嘉定的工商业者慷慨资助的。没有这些财物捐助,办学校、育人才、救国家,只能是纸上谈兵。

学校因被日寇炸毁而停办了近十年,在抗日战争胜利后的1946年,浦泳先生组织启良学校复校委员会,以廖世承、吴蕴初、胡厥文、杨卫玉、陈传德、高价人、浦泳等人组成的校董会募集经费、修缮校舍、招募教师、选聘校长,才使"启良"得以复校,并扩展成嘉定城区唯一一所中学部、小学部、幼稚园齐全的学校。具有"中国教育测量之父"之称的廖世承先生和后来曾任中华人民共和国全国人大常委会副委员长的胡厥文先生曾先后任"启良"校董会主席。

这些校董,全是举国闻名的嘉定仁人名流。以下是他们的介绍。

廖世承(1892—1970年),1915年毕业于清华大学,留学美国。1919年获哲学博士和教育心理学博士。留美回来后,一生专注于教育事业,是中国现代教育史上著名的教育改革家和心理学家。他曾经是全国人大代表和上海市人大代表、上海市政协常委、民盟市委第一副主任委员、上海市教育学会会长。解放前,在艰苦的条件下,他创办了国立师范学院。解放后,他于1951年任华东师范大学副校长。1956—1976年,先后就任上海第一师范学院、上海师范学院第一任院长等职,为新中国高等师范教育作出了巨大贡献。他的《智力测验法》一书,是中国最早的智力测验专著;他的《教育心理学》和《中学教育》是中国最早的两本高等师范及中等师范学校教科书。他提出学制改革,在中小学推行"六三三"学制,一直沿用至今。这样一位从事教育研究整整半个世纪,发教育改革先声的名人,早期支持、实践他的教育理想的学校之一就是启良中学。

杨卫玉(1888—1956年),1921年参加中华职业教育社,追随教育家黄炎培几十年。上海解放前夕,他临危不惧,战斗到最后一刻,把职教社带进新中国,是职教社的四老之一,是中国职业教育的先驱。他是上海民主建国会的组织者。1949年,他参加了全国第一届政协会议,是新中国国旗、国徽、国都、纪年方案审查委员会委员;还被任命为轻工业部副部长。1955年,他当选为中国民建会第一届中央委员会常务委员。他为中国的职教、科学、民主付出了毕生的精力,在启良的校史上也有不可磨灭的业绩。

胡厥文(1895—1989年),中华人民共和国原全国人大常委会副委员长,中国民主建国会中央委员会主任、主席。年轻时便痛心于国弱民贫而立志一生办工业以振兴民族。26岁就创办工厂,无论是在抗日战争还是解放战争期间,始终把办企业同富国利民联系在一起,把自己的命运同国家民族的前途联系在一起,在选择实业救国的同时又赞助办学,坚持培养国家栋梁。抗战时,竭力保存民族工业;抗战后,发起成立民主建国会,团结爱国民族工商业家及知识界人士,投身到民主革命的斗争中,反对内战,坚持和平,反对独裁,坚持民主。解放后,他以身作则,在工商界为国家的社会主义建设做出了受人称道的成绩。1995年,在纪念胡厥文先生诞辰100周年时,时任全国政协副主席、中共中央统战部部长王兆国代表全国政协和中央统战部对他的一生给予了高度评价:"百年以来,中国人民为了反抗帝国主义的侵略和封建主义、官僚资本主义的压迫,进行了不屈不挠、可歌可泣的斗争。许多志士仁人为了实现强国富民的愿望,多方寻求探索救国救民之路。胡厥文先生就是其中的一位杰出的代表人物。"

吴蕴初(1891—1953年),化工专家,创办从味精工业到化工工业的实业家,我国氯碱工业的创始人。他创办了我国第一个味精厂、氯碱厂、耐酸陶器厂和生产合成氨与硝酸的工厂。同时,支持学会的活动,资助"中华工业化学研究所",为我国化学工业的兴起和发展作出了卓越的贡献。他曾提议:"教育是百年树人之计,应大力资助贫困优秀生上大学。"他还提议培养高级科技人才,于是在1931年发起了"清寒教育基金会",使得包括著名科学家钱伟长在内的数百名学子受益。在国家授予嘉定"历史文化名镇"的铭文上也有对他们的赞誉:"以实业救国的'味精大王'吴蕴初和原全国人大常委会副委员长胡厥文等无不体现了嘉定古镇自古以来所秉有的爱国民族气节……"

在抗日战争胜利后,为了恢复被日寇炸毁的学校,培养救国的人才,这些闻名遐迩的民族精英,在自己的家乡嘉定,都担任了启良学校的校董。他们有的以自己在社会上的地位和声望吸引仁人志士来校任职；有的一边兴办实业，一边热心资助教育。可谓有钱出钱，有力出力，为担起国家、民族兴亡的重任作出了不朽的贡献。

今天我们以"启良"为荣，还有更多说不完的理由。了解校史，学习前辈，为的是激励我们的学生在新时期、新形势下更加努力，成为有道德、爱学习、身体好、德智体全面发展的合格的毕业生。只有这样，我们才能不辜负前辈，对得起前辈，实现前辈振兴中华的夙愿，达到民族复兴的伟大目标。

第三节 浦泳先生与"启良"之名

过去，一大批校长、优秀教师以及校友曾为追求教育救国的理想来到启良，为新中国培养祖国的栋梁而不懈地努力奉献。其中最优秀、最有代表性的莫过于老校长浦泳。

浦泳(1909—1985年)出生于嘉定的书香门第，从小受到良好的家庭教育，能诗善文，书画造诣深厚，一生留下两千多首诗词。前全国人大常委会副委员长胡厥文先生把整理编辑自己诗选的工作都委托给浦泳先生完成，可见其功力之一斑。他还是卓越的艺术家，毕业于上海美术专科学校，金石书画水平高超，其中书法艺术更是赢得了"江南一支笔"的美誉。

在戴思恭先生任校长时，浦泳曾就读于启良，后到上海民立学校读高中，毕业后回启良教书，后来又到上海美专学习。1931年"九·一八"事变，看到祖国内忧外患，山河破碎，他心急如焚，于是担负起上海美专学生的抗日救国会重任，积极投身于抗日救国的宣传活动中。浦泳从上海美专毕业后，受聘再回母校启良教书，并任教务主任。在"一·二八"淞沪抗战期间，浦泳先生担任嘉定县民众抗日救国后援会副会长，常常冒着敌人的炮火、满腔热忱地支援十九路军抗战，可见他炽热的爱国热情。

1934年浦泳出任启良学校校长，并为启良题了校训"明强"，激励学生为了拯救国家，一定要用自强不息的精神来学好科学文化，还要锻炼出强壮的体魄。淞沪抗战爆发后,启良学校不幸中弹被毁,学校被迫停办;学校所在的秋霞圃也被日本侵略者占用为战地医院。嘉定沦陷,学校没有了,他耻与汉奸为伍,避居海上孤岛,以"长发头陀"为号,鬻书卖画,坚守可贵的民族气节。

1945年抗战胜利后,浦泳回嘉定任第一区区长,随即就着手筹备启良学校复校委员会并组建学校校董会,延聘教员,招收学生。次年9月1日,历经14年抗战,中断了10年的启良学校终于在浦泳的劳顿奔波下,在嘉定仁人志士的支持下,恢复开学了。浦泳再次被校董会聘任为启良学校校长。此时在秋霞圃内的启良学校除小学外,还有幼稚园(大、中、小三班)和初中两个班。启良学校中学部也由此诞生了。

"启良"的复校,离不开浦泳老校长的努力。历经抗日战争的烽火后,浦泳校长已认清了历史发展的必然趋势。他参与建设和发展民盟嘉定县小组,决心与中国共产党风雨同舟,共同奋斗,为嘉定的解放作出贡献。当时,在社会动荡不定时期,启良学校一直坚持上课。为照顾寄宿生,校长浦泳把秋霞圃内池草堂南边的一座小楼作为学生宿舍,使上海市区和嘉定县的寄宿生能全都做到不缺课。浦泳校长还不畏国民党威胁,带头坚持护校迎接解放,曾遭匪徒绑架和枪杀,所幸子弹未中要害,九死一生,侥幸免于一难。

后来嘉定解放,解放军战士到校慰问,向他致敬并给予热情的鼓励。对于这件事,浦泳在秋霞圃养伤期间曾作《苏人浦泳》,他在题记里记叙了这件事,还明确表示:"共产党来,余终获新生,因自号'苏人'。今后生涯,当益砥砺,为人民革命事业而奋斗!"他认为是共产党给他带来了新生,自己的人生从此复苏了。

嘉定解放,启良也获得了新生。1949年8月,浦泳被推举为嘉定县人民代表。1956以后,担任过历届县人民代表、政协委员,继续从事教育工作。1956年嘉定县人民政府接办启良学校,中小幼分离,中学部改校名为"嘉定县城区第一初级中学",仍由浦泳任校长,而"启良"校名就此湮没。1972年,学校与"嘉定县人民中学"(民办)合并为完全中学,校名为"嘉定县城区第一中学"。

1982年,嘉定县政府开始修缮、恢复秋霞圃名园旧貌,于1984年8月动迁学校至现在的新址。1984年10月,浦泳已年迈体弱,却坚持为恢复"启良中学"校名而四处奔波,由他口述,请侄儿起草后,亲笔润色修改定稿了《申请恢复"启良"旧校名缘起》,

从启良校史谈起，力荐恢复启良校名的原因，引起了政府的高度重视。三年后的1987年8月，学校终于恢复了30年前的辉煌校名"嘉定县启良中学"，并将学校所在的清河支路改名为启良路。可惜，浦泳却已于1985年逝世，没能看到这一天。1992年，嘉定县撤县建区，学校又更名为"嘉定区启良中学"，直至今天。

启良是嘉定这座历史文化古镇"崇文重教"的佐证，而浦泳则是启良杰出的代表。他在启良从学生到教师，从教务主任到校长；他在启良历经教育救国、科学救国、抗日救国、民主建国的坎坷；他在启良与共产党风雨同舟，为人民的教育事业，也为启良中学校名的恢复殚精竭虑。今天在学校图书馆楼前，还矗立着浦泳校长的塑像，表达着我们对他的永远的怀念！

文章《申请恢复"启良"旧校名缘起》（浦泳）

嘉定镇第一中学，原为嘉定县启良中学；城中路小学，原为启良小学。辛亥革命前后，有识之士兴起一股办新学热潮，即废科举、淘汰私塾，代之以学堂制的改革运动。1914—1918年（民国三年至八年）清朝举人顾宜仲发起筹办新学。当时在东大街汤氏上下岸故宅及横塘桥西堍葛氏住所先后辟为临时校址。早先只有两个班级，后扩充为八个班级。不久顾宜仲逝世，即由邑人戴思恭（字伯寅）为第一任校长。在1920年（民国九年）三月，随着入学学生增多，班级递增，由戴伯寅等倡议并博得乡绅同意在城隍庙北侧整修秋霞圃，正式成立小学，取名"启良"学校。命名之由来是以"启发良知，教育救国"的意思，当时秋霞圃内的亭、台、楼、阁，由当地工商业者，如绸布业、屠宰业、装卸业等各业分别负责议定，筹款修葺。既按园林格局进行全面整修，又以凝霞阁为重点修缮成二层楼房，并其他屋宇辟为教室若干。在城隍庙大殿东北，设校门。进校门后，植有一片花木。其北之屋，中间过路，左右为二教室。在城隍庙大殿东北侧盖造约400—500平方米的雨中操场一所。另外屏山堂改为教务室。

在进校门靠西一带，配备了图书馆、小卖部、学生组织活动室等。修缮经费由校董会筹措。这样初见规模形成一个1—6年级完全小学了。又在城隍庙进门后西侧增辟为1—4年级圣年班。由汤氏圣裁、椿年昆仲出资专供贫苦学生就读免收学费。1927年（民国十六年）戴伯寅因事辞退后，由邑人叶涛（字拜石）继任校长，而实际负责校务者为葛学琏（字翊唐），负责经济者为汤致和。直至1934年，由浦泳担任校长。1937年（民国二十六年），日机轰炸嘉定城区等处，启良学校也中弹遭殃。嘉定沦陷，学校停办。1946年（民国三十五年）浦泳筹备组织复校委员会，募集经费。主要由校董高价人捐助全部课桌和办公桌等木料。在尽力筹备中，校产校具粗具规模。延聘教员，招收学生。在是年9月1日启良学校开始复校，校长为浦泳。有高年级2班，初年级5班，共7班，11位教职员，男生有137人，女生有68人，共205人。

当时嘉定城内仅有一所县立中学也复校了，只招收初一两个班级。但招生学额有限，小学毕业后在本城无从升学者不少，在外地就学又为经济所迫，力所不逮。战争结束后，旅外学生回到家乡，苦于不能转入中学。这两方面的家长请求增设初中班级，以资抢救而免辍学。就增加了初中一、二年级两班。于是启良就既有小学，又有中学；同时增加了幼稚园（后改名幼儿园），有大、中、小三班。当时为本县唯一的独立完整的设备齐全的幼儿园。这样由中学、小学、幼儿园联设的启良学校成立了新的校董会。校董有廖世承、吴蕴初、胡厥文、杨卫玉、陈传德、高价人、浦泳等；主席校董为廖世承，他辞职后，由胡厥文继任。启良学校中学部从此诞生，此时在秋霞圃内的启良学校有中学、小学、幼儿园三个部分。幼儿园里有滑梯、木马，其他为藤椅、小桌子，还有饮具、餐具、用具、图片等设备。幼儿园分小、中、大三班。有教养员两人，大班毕业生也发给证书，并升入小学。当时启良幼儿园在嘉定要算是唯一的了。抗战胜利后，浦泳办学时在秋霞圃内池上草堂之南有一低矮小楼曾作为学生宿舍的一部分。在那局势转变时刻，校中仍坚持上课。上海市的、本县的寄宿生全都不缺。

1949年5月13日嘉定解放。高中一年级一个班级因生源不足办了一年就停办了。1956年嘉定县人民政府接办启良学校，把私立改为公立。把中学校名改为嘉定县城区第一初级中学；小学后来迁到城中路，校名改为城中路小学；幼儿园停办，从此启良校名就取消了。

启良中小学教师业务水平较高，师长中为戴伯寅、顾子钦、唐养侯、陆谷宜、顾汉澄、朱蕴玉、顾耀寰、浦泳、周承忠等。每学期中有书法、绘画、作文等竞赛。学生中均有良好成绩，特别是语文、英语、书法等成绩更为突出。在县内竞赛常名列前茅（小学三年级已读些文言文，英语在六年级毕业时已读完英语模范读本第三册了），所以考入上级学校可操左券。

启良学校创办迄今已近80年历史，名园校舍，环境优美，师资设备齐全，是在本县学校中具有悠久历史而著名的学校。浦泳办中学时，各科教师一般都是专业的，如音乐、美术、体育都是，并还兼小学这三门课；启良中小学师资水平高，毕业生成绩优良，一般学生均能考取上一级学校，为全县学校较为突出的中小学校；启良中学毕业生已有数千人。有不少为海外华侨或在外国工作，有专家和博士等学位的；在国内，每条战线上也有不少名流学者，著名人士等；有的已经故世；有的已年逾花甲或古稀，德高望重，享有盛名。近来旅居海外毕业生，缅怀幼情，有询及母校启良学校者，不乏其人；有些毕业生，是国内著名人士，来遨游秋霞圃名园时，询及母校启良学校者大有人在。解放前后启良中学在上海招生而寄宿住校的，到嘉定要找母校也找不到。

在党的十一届三中全会以来，我国国际地位日高，国内安定团结，事业蒸蒸日上。教育事业也不例外。各行各业有不少相继恢复旧名，即以学校而论，为上海育才中学、南洋中学……都已恢复旧校名。现今不少启良毕业生，于见原启良学校在吾邑学校中有悠久历史并享有盛名，而且中学、小学、幼儿园联办，更是嘉定教育史上的创举，一致要求恢复"启良"旧校名。届时启良母校校友相聚一堂，话旧论新，相互切磋，为祖国新貌更能增添无穷力量。为此具名申请，务乞顾念眷眷下情，予以批准恢复"启良"旧校名，并恳转报上级组织予以备案。众望所归，不胜企祷待命之至！

第二章
当代发展

第一节 教育理念积淀下的培养目标

启良中学创立于1914年,学校先贤以"当今要唤起民众,启发良知,教育救国,振兴中华"为办学宗旨,遂以"启良"为校名。1934年,浦泳老先生担任校长,他提出把"明强"作为启良的校训,激励启良学子不仅要具有"良知",而且要自强不息地学好科学文化,练好强壮的体魄,不断完善健全的人格。于是,"明强"成为学校的文化名片。

在教育综合改革背景下,学校在传承过程中又提出了"开启灵性,教化良材"的办学理念,把"有良知、爱生活、会学习"作为学生培养目标(见表2-1)。

表2-1 学生培养目标

培养目标	能力表现	内涵	评估指标
有良知	明德自信	侧重的是身体、心理健康教育,包含生涯教育和生命教育	品德和社会化行为指数
会学习	明学自创	侧重的是学习动机、学习方法和创新思维的培养	学业水平、学习动力、学业负担、压力指数
爱生活	明责自治	侧重的是规则教育、自我管理、亲社会行为和社会公德教育	身心健康指数

从学校现状来看,无论是校名、校训、办学理念还是培养目标,都是以培养学生积极乐观自信的品格为核心。在"明强"校训文化背景下,我们对学校已有的基础进

行提炼,对接中考改革,提出了明德自信有良知、明学自创会学习、明责自治爱生活的培养目标体系。目标体系由培养目标、能力表现、具体内涵、评估指标组成(见表2-2)。

表2-2 学生培养目标体系表

总目标	内涵	各年级内涵层次			
		六年级	七年级	八年级	九年级
明德自信有良知:能树立正确的价值观,自主自觉规划生涯,进行自我调适,形成积极健康的生理、心理品质,为终身幸福奠定基础	自我发展	自我认识	自我定位	学会设计	自主规划
		能对自己的优势、劣势有一个清晰的认识	对初中阶段能达到的成长目标有初步的计划	对成长目标进行调整,细化为具体实施内容	在憧憬未来的基础上对今后的生活做初步规划
	身心健康	悦纳自己	学会排解	善于沟通	调适发展
		接纳并适应自己的身份与角色	在学习或生活中遇到困难和挫折时,能积极寻求适当的途径及时宽慰自己	善于与他人沟通并帮助他人解决问题	具备自我心理调适能力,能客观认识生活环境并解决实际问题
	价值认同	文化传统	生态文明	家国情怀	理想信念
		学习中国传统文化思想、技能和习俗	学习绿色环保知识,参与环境保护行动	热爱家乡、热爱国家,理解中国梦	参与少先队、共青团组织的活动,树立正确的价值观
	学习兴趣和态度	激发兴趣	勤奋努力	知难而进	合作求知
		在学科学习中表现出浓厚的学习兴趣,并得到任课老师的认同	具有勤奋刻苦和力争上游的学习精神与学习行为	能主动克服学习中的困难,按照既定目标勇往直前	小组合作形成共同目标,通过互助的形式解决学习中的困难

续 表

总目标	内涵	各年级内涵层次			
		六年级	七年级	八年级	九年级
明学自创会学习：能够明确学习的价值与目的，掌握良好的学习方法，善于独立思考，具有创新思维，成为善学、乐学、巧学和具有创新能力的启良学子	学习习惯和方法	培养习惯	探索方法	扩展视野	高效学习
		能按照各学科教师的教学要求养成良好的学习习惯	善于学习、总结学习方法，并形成自己的学习方法	广泛阅读，参与课外实践活动，开阔眼界	能做到巧学、趣学，劳逸结合，并取得良好学习效果
	创新思维与方法	学会提问	独立思考	富有见解	融会贯通
		在学习过程中能提出有一定数量与质量的问题	能分析归纳学业现状，并能设计学习改进方法	在学习中具有个人观点，并能从中归纳规律，提高学习能力	学以致用，能把所学知识运用在现实生活中，善于解决不同的问题
明责自治爱生活：能够明确自己的职责，具有社会角色意识，树立规则意识，实施有序的自我管理、自我规划，加强自律，正确处理各类社会关系，使思想和行为能适应社会发展的整体要求，达到自我教育、自主发展	目标定位	自我约束	自我规范	自我调控	自我管理
		能对自己的言行进行自我控制	能坚守言行准则，明辨是非	敢于对自己的言行担负责任，改正错误	能对自己的言行充分自律与自控
	行为要求	规范言行	诚实守信	勇于负责	自觉践行
		按照学校一日常规的要求规范自己的言行	提高自我约束的能力，在学习和生活中能遵循诚实守信的准则	对自我、家庭、学校、班级和社会富有责任心，并付出行动	能够在各方面为低年级同学作出表率，并展现出较高的素质与修养
	团队合作	融入集体	参与管理	团队合作	服务社会
		能被新的集体所接纳，有班级归属感	积极热心地投入到班集体和学校的管理中	通过合作活动感悟合作精神与协同技巧	参与志愿者服务活动，为他人、学校、社区做一些服务工作

第二节　课程改革困境下的发展思路

一、总结问题，确定改革方向

作为一所有着"强校梦"的百年老校，近十多年来启良中学却一直属于薄弱初中。经过对学校校情的客观分析，我们发现启良中学最核心的问题是"办学自信心不足"，主要体现在家长满意度不高、社会认可度不高、教师成就感不高、学生自信心不足四个方面。

家长的满意度是学校办学的动力。虽然我校对口嘉定城区 3 所优质公办小学，但家长对择校有更高的期望，普遍会选择学校周边 3 所民办初中，因此我校优质生源流失得比较严重，这使得越来越多的家长对我校的办学质量信心不足，并通过口口相传，形成恶性循环。每年来自对口学区内的生源不足 40%，新生家长对学校的满意度明显低于孩子的满意度。

社会的认可度是学校发展的基础。由于优质生源的流失，社会对我校的认可度不高，再加上学校缺乏对相应办学情况的宣传，社会对我校了解甚少，因而存在一定的偏见。

教师的成就感是学校建设的支持。生源结构的变化，让教师在教育教学中面临更多的难题，教师凭借已有经验难以应对这些挑战，这造成教师的成就感不强，影响了他们不断更新与改进方法的积极性。学校长期缺乏相应的改进举措来破解难题，使得学校办学生态恶化，学校文化缺乏积极元素，教师在课堂教学方式指数、师生关系指数等方面低于本区平均指数 3—4 个等级，远低于均值，这是"强校"工作中需要重点突破的关键点。

学生的自信心是办学成果的表现。学生选择启良中学，是因为没有被周边 3 所民办初中录取，他们心目中的优秀的同学都在民办初中就读。有时父母甚至是老师会把"学习成绩不好就去启良"的观念传递给孩子，使得他们进入学校后就背负着"学业失败者"的自我设限。

除此之外，2018年华东师范大学心理与认知科学学院项目组在24项积极心理品质的测试中发现，学生在情绪稳定性、自控能力、自我效能和自尊方面有着明显的教育需求。同伴交往问题、注意力问题（多动）方面应该引起关注，同时在品行问题方面也有改进的空间。因此，我们应该充分注意在"人际协助"和"家庭支持"方面的引导，特别要注意基于生态系统观点，提升学生的家庭支持和人际协助水平，从而提升他们应对变化与挑战的资源准备度。

以上问题已经阻碍了学校发展，影响了学校进行教育改革的积极性和改变现状的决心，也让学校忽视了自身优势和对资源的运用，这些都迫使我们尽快促进学校的新一轮发展与改革。

二、系统管理，提出发展任务

我们改革的重点在于系统管理。通过初期调研，以及对自身的分析，我们发现学校在课程建设及管理方面，存在培养目标不明确、课程结构不合理、保障体系不完善、校本课程开发不明晰等有待改进的几方面问题。为提升学校管理品质及教师的课程领导力，我们基于"明强"校训文化，着力于学校课程计划的编制与实践研究，主要包括：基于校训文化的课程计划文本的编制与实践研究；基于"成长课堂"构建的作业研究与实践；基于"课例研究"的课程保障方式的实践研究；学校"三大学堂"校本课程开发与实践研究；学校课程管理机制建设的实践研究（见表2-3）。

表2-3 学校课程计划的编制与实践的任务分解

总任务	子任务	实施流程
基于校训文化的课程计划文本的编制与实践研究	1. 学校课程计划实施情况调查分析 2. 制定2020学年度课程计划改进方案 3. 编制学校课程计划文本	调研分析——制定改进方案——编制课程计划

续　表

总任务	子任务	实施流程
基于"成长课堂"构建的作业研究与实践	1. 课堂学习单的设计与实践 2. 与课堂目标一致的作业分层设计与实践 3. 教学质量分析与改进系统的设计与实践	1. 基础型课程的实施要紧紧围绕育人目标，立足课堂，提升质量 2. "启良·成长课堂"特征与实施策略——作业设计与实践——教学质量分析系统
基于"课例研究"的课程保障方式的实践研究	1. 主题式课例研究 2. 基于课前、课后检测的课例研究 3. 基于线上线下融合，提升课堂质量的课例研究	1. 学校开展课例研究，教研组用课例研究模式改进课堂 2. 观察小组运用观察量表对观察点进行观察 3. 课例研究教师撰写观察报告，整理教学策略
学校"三大学堂"校本课程开发与实施研究	1. 幸福成长学堂——综合实践课程设计与实施 2. 人文艺术学堂——人文艺术＋特色课程设计与实施（拓展型课程为主） 3. 创新思维学堂——主题式跨学科课程设计与实施（探究型课程为主）	1. 综合实践课程：方案——实施——评价——优化 2. 人文艺术＋特色课程：设计——开设——实施——评估——优化 3. 主题式跨学科课程：设计——开发——实践——评估——优化
学校课程管理机制建设的实践研究	1. 建立课程管理机制，确保各类课程有序有效开展 2. 课程资源设备的开发与保障 3. 以培养目标为导向的学校-家庭-社会三位一体	1. 组织管理框架、基本规范、检查评估、反馈改进 2. 课程所需空间、资源、设备、工具的开发与保障 3. 家校合作机制与家庭教育指导策略

第二部分

课程构建的"明强"逻辑思路

第三章
课程构建的顶层设计

第一节 彰显学校课程改革目标

从学校现状来看,无论是校名、校训、办学理念还是培养目标,都是以培养学生积极、乐观、自信的品格为核心。学校课程结构以培养目标为导向,幸福课程校本化实施的关键是要通过课程的构建,为目标达成提供充分的时间和空间保证。在保证学生基础性学力的同时,兼顾发展性学力和创造性学力的培养,为学生的幸福人生奠基。

在重新梳理学校课程的基础上,学校把国家课程、地方课程与校本课程融合成具有启良特色的"明强"课程结构,各类课程的目标都指向"明强"目标,并在各类课程目标的基础上建立幸福课程校本化实施的课程结构图谱群。三个维度的目标不是相互孤立的,每一类课程有其侧重点、关注点,在课程实施中有所区别。

首先是"明德自信"目标达成的课程结构图(见表3-1),这一维度侧重于身体、心理健康教育,包括生涯教育和生命教育。

表3-1 "明德自信"目标达成的课程结构图

课程目标	课程类别	课程架构及实施	
明德自信	基础型课程	思想品德	发展道德认知,注重情感体验和道德实践
		文史地	世界观、人生观和价值观的引导
		音体美艺	审美情趣、健康体魄、意志品质、人文素养和生活方式的培养
		综合实践活动	生活技能、劳动习惯、动手实践与合作交流能力的培养

续　表

课程目标	课程类别	课程架构及实施		
	课堂学习类	幸福课——遇见最好的自己	树立正确的价值观,认识自我,调适发展,不断完善自我	
		心理健康教育	增强调控心理、自主自助、应对挫折、适应环境的能力,培养学生健全的人格、积极的心态和良好的个性心理品质	
		专题教育	树立正确的是非观,培养合格的社会人	
	实践学习类	非遗课程	我们的节日	传承与发展中华优秀传统文化,增强文化自觉和文化自信。将社会主义核心价值观内化于心、外化于行
			书法	
			中国字砖	
		人文素养课程	经典吟诵	思想政治引领和道德价值引领,文化素养和艺术修养的提升
			道德讲堂	
			最美和声	
			艺术社团	
		社会实践课程	志愿服务	在服务他人、奉献社会中升华对社会主义核心价值观的认知和理解,感受实现价值的幸福
			爱心超市	用好"爱心超市",设立"爱心基金",参与"爱心超市"运作,参加爱心志愿者队伍,获得情感的体验和升华
			参观体验	六年级:校内场馆体验、寻根活动
				七年级:"爱赏嘉定"研学旅行
				八年级:江西爱心研学之旅
				九年级:走进高中、走进大学
		三节一月	体育节	培养学生兴趣爱好,充实学生校园生活,磨练学生意志品质,促进学生身心健康发展
			科技节	
			艺术节	
			读书月	

其次是"明责自治"目标达成的课程结构图(见表3-2),这一维度的目标侧重于学习动机、学习方法和创新思维的培养。

表3-2 "明责自治"目标达成的课程结构图

课程目标	课程类别		课程架构及实施
明责自治	基础型课程	道德与法治	公民责任教育和社会价值教育
		文史地	世界观、人生观和价值观的引导
		音体美艺	培养健康、高雅的生活情趣,充实自己的课余生活
		综合实践活动	生活技能、劳动习惯、动手实践和合作交流能力的培养
	课堂学习类	幸福课——遇见最好的自己	树立正确的价值观、责任观,做一个合格的社会人
		心理健康教育	开展认识自我、尊重生命、学会学习、人际交往、情绪调适、升学择业、人生规划以及适应社会生活等方面的教育
		警示教育	树立正确的是非观,明确言行的准则
		生命教育	引导学生尊重生命、理解生命、珍爱生命,学会积极的生存、健康的生活与独立的发展,实现自我生命的最大价值
	实践学习类	仪式教育	引导学生养成良好行为习惯,为学生带来秩序感、归属感和神圣感,为学生文明素养的培养及终身发展奠基
		红十字知识与救护技能	指导学生正确掌握突发意外的紧急避险知识和救护技能,弘扬"人道、博爱、奉献"的红十字精神,为社会和他人提供人道服务,保护人的生命和健康
		中队值周	参与明强班级评比日常检查和学生一日常规检查,在检查的过程中,树立"校园是我家,美化靠大家""人人都是志愿者"等理念,规范自己的言行
		社会实践课程 志愿服务	在服务他人、奉献社会中升华对社会主义核心价值观的认知和理解,感受实现价值的幸福

续表

课程目标	课程类别	课程架构及实施	
		爱心超市	参与"爱心超市"运作,参加爱心志愿者队伍,提升社会责任感
		研学旅行	走出校门,在研学旅行的过程中明确公民责任,学会"自治"
		新华小记者	以小记者的身份体察社会生活,培养社会责任感
		体育节	在参与校园节会活动的过程中,正确处理个人与集体的关系,培养合作精神与协同技巧
		科技节	
		艺术节	
		读书节	

最后是"明学自创"目标达成的课程结构图(见表3-3),这一维度的目标侧重于规则教育、自我管理、亲社会行为和社会公德教育。

表3-3 "明学自创"目标达成的课程结构图

课程目标	课程类别	课程架构及实施	
明学自创	基础型课程	语文、历史、地理等	引导学生树立正确的世界观、人生观和价值观
		数学、科学、物理、化学、生命科学等	培养科学精神、科学方法、科学态度、科学探究能力和逻辑思维能力,树立勇于创新、求真求实的思想品质
		音乐、体育、美术、艺术等	培养审美情趣、健康体魄、意志品质、人文素养和生活方式
		外语	培养国际视野、国际理解和综合人文素养

续　表

课程目标	课程类别	课程架构及实施		
课堂学习类		创新思维课	培养高阶思维，提升创新能力、解决问题的能力	
		学习体验课	指导学习方法，培养学习习惯，端正学习态度，形成学习品质	
		阅读课	培养阅读能力，提升人文素养	
		听说课	培养英语听说能力，提升语言的表现力	
实践学习类		实验课程	科学	提升观察分析能力、动手实践能力以及对知识的综合运用能力和创新能力
			生命科学	
			物理	
			化学	
		朗读课程	经典吟诵	激发阅读兴趣，丰富精神世界，培养语感，提升综合素养
			音标世界	
			英语美文	
		社会实践课程	劳技实践	培养社会责任感，锻炼意志品质，提升社会适应力
			文化艺术	利用嘉定博物馆、秋霞圃、陆俨少美术馆等开展中华优秀传统文化教育
			参观体验	六年级：秋霞圃、汇龙潭
				七年级：陆俨少艺术馆、美术馆
				八年级：嘉定博物馆
				九年级：上海大学
		三节一月课程	科技节	培养学生兴趣爱好，充实学生校园生活，磨练学生意志品质，促进学生身心健康发展
			艺术节	
			体育节	
			读书月	

第二节　构建学校"明强"课程体系

在"明强"校训文化背景下,我们以积极心理学为理论导向,对学校已有的基础进行提炼,把校训与培养目标相融合,将"明强"培养目标的具体内涵阐释为:明德自信有良知、明责自治爱生活、明学自创会学习。幸福课程校本化实施的最终目标,就是要培养具有幸福能力的"明强学子"。

一、制定分年级课程目标评价要求

根据逆向课程设计原理,我们针对如何评价学生达到"明强"目标的行为,制定了"明强"目标分年级评价要求。为了增强可操作性,我们对各年级每一个目标的要求都明确了学生的标志性活动或表现,以及该要求的具体评价指标。这些评价要求是对全校学生的基本要求,教师可以帮助学生结合自身能力,有所发展,有所提高。

表 3-4　"明强"目标分年级评价要求(以"明德自信有良知"为例)

评价要求	六年级	七年级	八年级	九年级
	自我认识	自我定位	学会设计	自主规划
标志性活动或表现	给自己画一幅自画像,可以写实,也可以抽象	在"时间坐标"和"空间坐标"中认识自己:我的自我发展计划	建造目标金字塔,将长期目标分解为短期目标和小目标	运用SWOT分析法找到自己的人生坐标
评价指标	能对自己做出正确的评价	计划中有明确的目标与举措	能合理地设定长期目标和短期目标	能为自己初中及以后的学习和生活制定初步规划

续表

	悦纳自己	学会排解	善于沟通	调适发展
标志性活动或表现	在班级主题活动中分享对自己的认识以及努力后的收获	让自己忙碌起来,投入到学习或有益的游戏活动中	围绕某个主题在班级里开展一次演讲,获得他人的认同	适时调整自己的目标和计划,降低期望值,告别拖延症
评价指标	能接受自己的不足,并不断改进自己、完善自己	能正确地面对压力和挫折,及时排解负面情绪	能清楚有效地表达自己的观点,学会与人协商,适当妥协	能充分发挥自己的优势,扬长避短,形成科学的生涯发展规划
	文化传统	生态文明	家国情怀	理想信念
标志性活动或表现	积极参与"我们的节日"主题活动,过好传统节日,讲好中国故事	开展节约用水用电和光盘行动;学做力所能及的家务	参加升旗仪式,高唱国歌;为实现中国梦努力学习;敬老孝亲,维持家庭和睦	认真学习中国革命史、中国共产党党史、改革开放史和社会主义发展史,继承革命传统,传承红色基因
评价指标	自觉弘扬中华民族传统美德,热爱民族文化遗产,继承中华民族人文传统,践行中华礼仪,将社会主义核心价值观内化于心、外化于行	养成勤俭节约、低碳环保、自觉劳动的生活习惯,形成健康文明的生活方式	树立以国为家、家国一体的价值理念,建立对国家的认同感、归属感、责任感和使命感	建立对党的政治认同、情感认同、价值认同,不断树立为共产主义远大理想和中国特色社会主义共同理想而奋斗的信念和信心

二、完善学校以育人目标达成为核心的课程架构

幸福课程校本化实施的关键是要通过课程结构的不断完善和建构,为课程目标的达成提供充分的时间和空间保证,并在扎实学生基础性学力的同时,兼顾发展性学力和创造性学力的培养。

学校基于学生学科核心素养培养的特色课程建设,以"明强"培养目标为导向,从一个个活动到一个个"科目",再到一组组"科目群",直至形成相对健全的学校课程实施体系。基于启良中学百年文化积淀,根据基础型课程的设置,结合学生核心素养培养的目标要求,学校确立了五大模块自主拓展型课程:科学探索类、动手实践类、快乐学习类、文化传承类、活动游戏类,课程科目累计共50余门。围绕"明德自信有良知、明责自治爱生活、明学自创会学习"三维核心培养目标,进一步完善学校"明强"课程的目标图谱与课程图谱,打造"三大学堂"——"幸福成长学堂""文化艺术学堂""创新思维学堂"(见图3-1)。

图3-1 "三大学堂"

三、开发和实施跨领域课程

开设"幸福成长学堂"。聚焦学生生涯教育、社会实践、探究学习,通过生活实践体验指导学生养成积极的健康心态和行为准则,成就幸福人生。

学校启动了"启良最美和声"行动,倡导早晨有读书声、课间有欢笑声、午餐时有碗筷轻触的叮当声、集会时有响亮的歌声和呼号声,促进行为规范教育落细、落小、落实,在促进学生自觉自律上求成效。学校将"最美和声"纳入班级管理考核和学生日常行规考评中,推行"明强班级"评比,力促"最美和声"行动落地见效。根据《中小学生守则》《中学生日常行为规范》及"最美和声"主要内容,制定"班级常规量化考核"方案及细则,关注学生自主管理,实行"日检查、周汇总、月考核"制度,每月评比一批"明德班""明责班",每学期评比表彰一批"明强班"。

同时,开设幸福成长社会实践学堂,为不同年龄特点与个性特点的学生提供社会实践体验经历,增强学生的社会责任感。如:为八年级学生开设了江西爱心结对研学之旅,让学生踏上江西景德镇昌江区丽阳乡余家希望小学和丽阳中心小学的结对研学之路。让学生深入体验江西农村学生的家庭生活,一起做当地特色小吃、干农活、下田插秧、捡鸡蛋、钓龙虾。在与当地学生的交流和体验中,启良学子感受到他们生活的不易,并自发为困难学生捐款。

开设"文化艺术学堂"。为发掘学生的个性特长,丰富学生的学习实践经历,学校组建了管乐艺术乐团,从刚起步的萨克斯小乐团逐步发展为40人规模的学校管乐团。每年举办艺术节活动,开展分年级艺术展活动,为每个学生提供艺术才艺展示舞台。开设了"史记"读书会,开展"凝霞文学社"采风活动,启动"慧雅阅读"项目,开展启良读书月活动和好书推荐活动,开设读书文化艺术学堂,邀请作家进校园,激发启良学子爱阅读、善阅读。开设了田径、轮滑、飞盘、啦啦操、篮球、绳梯等体育特色项目。创建书法篆刻特色项目,创建上海市书法实验学校,参与书法特色项目——嘉定区篆刻联盟学校相关活动。举办艺术节、流动美术馆等艺术特色教育活动。

开设"创新思维学堂"。学校每年举办科技节活动。以企业创想家、影视制作、无人机等科创课程为载体,借助区科创集散地资源,培养学生运用跨学科知识分析和解决实际问题的能力。下阶段将以地理和生命科学为重点突破学科,开发跨学科课程,以项目化学习 STEM 课程为抓手,重点培养学生解决问题的能力。2019 年第二届"YEA"!青少年创新创业中国区总路演在嘉定成功举办。由吴佳霓等三位同学组成的"SHOW!"团队携"多功能轮椅床"晋级本次"YEA!",一路闯关,进入了路演全国总决赛 14 强。

第三节 满足学生幸福发展的需要

我校扎实推进幸福课程校本化实施,着力开展"幸福成长学堂"校本课程的开发与实践,完善学校"明强"课程目标、内容和结构体系,将幸福课程理念和目标融入三大类课程与教育教学活动全过程。

在完善"明强"课程体系的同时,重点实施五育融合的"明强学子"幸福成长计划,推进五大项目,为学生的幸福人生奠基。

一、学生自主管理机制建设项目

持续推进"最美和声"行动。完善与优化学生自主管理机制,建立健全相应的管理制度、操作细则、评价奖励机制等,明确各年级行规自律的标准和要求,通过启良学子的自主教育、自我管理和自觉行动,推动学生行为习惯改善和文明素养提升,让校园里时时处处奏响最美和声。

优化常规自主管理机制。进一步规范红领巾值日、升旗仪式以及各类班队活动实施的细节,提升中队展示板块的质量。队室按规定配齐设施,规范建设、合理布局并投入使用。加强检查与监督力度,进一步优化明强班级检查机制,注重检查后数据的及时反馈与整改落实。形成"事事有人做、人人有事做"的班级自主管理新机制,推动学生行为习惯改善和文明素养提升。

加强学生干部队伍建设。完善大队部建设,加强大、中队干部培训;定期开展学生干部例会,开展各种形式的讨论、活动,了解学生需求和特点,进行有针对性的培养指导。发挥学生干部及优秀学生(大队委员、入团积极分子等)的示范和督促作用,进一步明确各类要求,加强行动引领与价值引领。做好推优入团工作,丰富少年团校课程内容,凸显先进性、时代性。

加强新生入学教育。新学期开学前,开展六年级新生破冰游戏、一日常规学习、进出场训练、午餐整队等活动。定制入学服,拍摄集体照,开展新中队成立暨换戴大红领巾仪式,培养新生"喜欢启良、融入启良"的归属感。开学后针对新生暴露出的问题,围绕"小规则 大成长"的主题,组织开展成长集训营综合实践活动,制定文明礼仪、学习习惯、自主管理、生涯教育等十项集训内容和体育节集体队列展示,引导新生养成良好的学习习惯,更好地适应初中生活的挑战。

二、生涯指导综合课程研发项目

以区心理健康教育分中心为主阵地,以生涯探索为重点,推进初中学生生涯教育,通过初中生涯教育课程与活动实施,促进学生拓展自我认识,培养合作能力、学习能力和适应能力,塑造幸福生活能力。

建立生涯教学支持系统。利用寒暑假开展集中式生涯教师培训,发挥市"双名工程"攻关计划陆正芳基地资源优势,根据生涯指导课的开发、实施进程,开设相对应的培训课程,提升教师生涯指导的意识、理念和具体方法。开发与实施21节生涯指导专业课程,结合初中4年的阶段性发展特点,开发整套生涯课程所需的精品课件、精品教案,为生涯教育提供完整、有效的教学支持,提高生涯教学的成效性。

全面推行全员导师制。制定全员导师制工作方案,召开动员会,明确教职工作的全员育人要求、职责、评价。实施1名年级总导师+1名班级总导师+2名导师+1个家长导师团的班主任组团制。落实导师三项基本任务和两项"自选动作",制定考核方案,推动教师人人成为学生健康成长的指导者、生涯发展的引领者。精心设计开展各年级导师和学生见面会。修订教职工学期考核方案和月考核方案,为全员导师制的推行提供评价保障。

注重家校社协同育人。家校协同开展学生生涯教育,走进孩子的内心,助力孩子养成积极向上的健康心态,收获幸福人生。有序推进家庭教育指导课程的实施,指导家长树立正确的教育观念,了解和掌握孩子成长的特点、规律以及心理健康教育的方法,加强亲子沟通,注重自身良好心理素质的养成,以积极健康和谐的家庭环境影响孩子。

积极推动家长对学校管理的参与和监督。吸引社会力量(区园林所、嘉定博物馆、韩天衡美术馆等)参与学校建设,形成家庭、学校、社区三方联动的家校社协同育人网络,进一步发挥家委会在学校教育教学中的作用。

三、品德发展与公民素养专项评价项目

推进"三大学堂"实施。整合已有的拓展型、探究型课程的基础与资源,对接中考改革新政要求,完善"三大学堂"建设图谱,通过课堂学习与实践学习相结合,开发爱祖国、爱家乡、爱社会、爱他人、爱劳动系列综合实践课程,聚焦学生生涯教育、社会实践、探究学习,通过生活实践体验指导学生培养积极的健康心态和行为准则。以劳动教育为例,学校本着劳动育人的朴素情怀,将劳动教育纳入幸福成长学堂课程规划中,整合校内外资源,建立学生"社会大课堂"劳动实践基地,指导学生在校内外开展丰富多彩的劳动实践。

建立学生生涯成长评价体系。结合综合素质评价、日常评价、学生积极特质评估、学生志趣倾向评估等数字信息,为学生建立生涯导航数字画像档案,为学生的个性化"学涯"乃至"生涯"规划指导提供数据实证和科学依据。以大数据分析促进对教师和学生的有效评价,进一步发掘学生潜质、激发学生兴趣、指导学生学习,为每个学生提供适切的教育。

完善"启良之星"评价体系。以初中学生综合素质评价为指导,以综合实践活动为载体,建立学生成长发展档案,完善"启良之星"评价体系,依托启良明强奖励基金,设立"明强学子奖·启良之星"和"明强学子奖"单项奖(领袖之星、自立之星、勤学之星、奋进之星、明礼之星、奉献之星、劳动之星、环保之星、科创之星、艺术之星),让每一个学生都有出彩的机会。

四、主题教育活动课程研发项目

基于"明强学子"培养目标,聚焦"我们的节日"、仪式教育以及校园节会等活动,着眼于综合实践活动课程的序列性开发,有序开展主题教育活动分层设计与实施,丰富学生幸福成长的体验。

五、"幸福班主任"专业化建设项目

着眼于学生行为习惯培养和自主管理能力提升,以"三业四有"(三业:专业、敬业、乐业;四有:心中有责、眼中有爱、手中有尺、脚下有路)为目标,进行班主任队伍专业化建设。引领班主任在规范管理的基础上,向个性化、专业化、艺术化发展,创建特色班集体,提高班主任工作的专业化发展水平。发挥班主任工作室的引领辐射作用,进行班主任校本培训内容的设计与研发,形成班主任研究共同体。为班主任搭建学习交流的平台,开阔班主任的工作视野,拓宽育人思路,改进育人方法,为学生的幸福成长提供坚实保障。

第四章
教学质量保障把关课程实施水平

第一节 备课辅导促进教学方法改进

一、备课与辅导制度

（一）教师备课常规

备课是教学五环节的第一步，是教师教学质量的体现。我校根据备课要求，制定了教师备课常规。从备课标、备教材、备教具、备学生、备教法、备作业六个方面规定了教师备课的要求，并且对集体备课以及教案的要求作了详细的说明。

第一是备课标，教师必须按照新课程标准所规定的目标和提示的原则、方法，达到课标所要求的水准，把课程标准的精神贯彻到每一次课中去。

第二是备教材，根据课标和教材制订教学计划与教学进度计划，教师必须熟练掌握教材的全部内容和组织结构，掌握三基（基本理论、基本知识、基本技能）、三性（思想性、科学性、系统性）、三点（重点、难点、疑点）。明确各章节的内在联系；备课中，既不离开教材，又不照本宣科，根据实际对教材作方法上的加工，使之易为学生所接受。

第三是备教具，教师上课需要的教具必须提前准备好。需要在电脑房、语言室、实验室、微格教室上课的，要提前做好课前硬件准备。

第四是备学生，教师要通过课前了解、课中接触、课后谈话、批改作业与开座谈会等形式，了解学生的思想状况、学习目的、学习态度、知识基础、理解能力、学习方法等，准确预见教学中可能出现的问题，研究引导学生学习的步骤和方法，既要面向全体学生又要根据不同层次学生的特点，分层次提出要求，努力使教学切合学生实际。

第五是备教法，教师必须根据教学三维目标的要求、教材内容和学生的认知程度确定教法。要从实际出发，讲求实效，灵活运用各种教学方法，形成自己的教学特色。讲课时要采用启发式、探究式与讨论式，要有利于学生掌握知识、发展智力与培养能力。

第六是备作业，教师备课时应设计并试做布置给学生的课前作业、课中作业、课后作业，合理安排作业的质和量。

（二）集体备课活动

我校提倡教师进行集体备课活动。集体备课要由各年级备课组长或指定的有关教师主持召开，要求参与教学的教师全部参加，同时可邀请相关的专家和有关领导参加。

集体备课内容要包括讲授的框架、基本观点、基本概念和核心内容，应突出的重点、新意，以及应解决的难点。同时，注意理论联系实际，将抽象的教学内容转换为有利于解决问题的学习活动、教学方法、讲课艺术与逻辑结构，并设计有意义的课堂反馈训练和作业。

在备课的过程中，备课组长按照教学计划，择优确定主讲教师后，由主讲教师准备讲课的内容。集体备课首先由主讲教师介绍讲课内容的整体构思、理论框架、重点和难点等，并将一些疑难问题提出来供大家讨论。然后由参加备课的成员进行集体讨论和研究，并提出改进意见。主持人综合大家的意见，并作出最后的要求，由具体讲课的教师按照此要求进行实施。每次集体备课的记录人都要对上述程序做详细的记录，记录经备课组长、主讲人、记录人签名后存档。所有备课组的活动记录在期末一同交至教导处。

集体备课每周一次，在集体备课时间教师不得做任何与集体备课无关的事，不得迟到、早退或无故缺席。各备课组长要安排好主讲教师轮流表，督促有关教师做好主讲准备工作，确保集体备课活动按时进行。若主讲教师请假或备课组活动受学校活动影响，则由备课组长另行安排。

所有教师都要超课时备课，提倡超周备课，每次集体备课均由一人重点说课，其他教师积极参与讨论。非毕业班文科可以以一篇课文（语文）、一个单元（英语）、一框（道法)作为一次主讲内容,理科可根据下周教学内容,选择最难教或最有研究价值的一教时作为说课的重点。每课时教学的重点、难点、典型例题选择、课堂练习设计、课后作业布置一定要统一。初三年级复习时,可根据复习课的特点超周以专题来确定主讲内容。疑难问题的讨论及试卷的命题工作应作为集体备课的一项重要内容。各年级备课组都要注重中考新政方面的研究,注意收集各种中考信息和中考新题型,用来指导本学科的备课。

所有教师都要认真钻研教材,认真备课,将备课活动内容转化成"备课笔记"。"教无定法",在搞好集体备课、说课,做到统一进度、统一例题、统一课堂练习、统一课后作业的基础上,发挥个人特长,形成自己的教学风格和特色。

教案要体现教学法的要求,能反映教师的授课目的和意图。它是教师的实际授课提纲而不是教材的复印或缩写,要反映教师的授课风格和特色。教案内容要完整,三维目标要明确,要在集体备课教案的基础上进行个性化的自备。教师还应根据学科发展情况、教学要求的变化以及学生的实际水平,及时补充、修改或重写自己的教案,以保持教学内容的先进性和适用性。

同时,教导处对备课组的活动进行认真的检查与考核,作为优秀教研组、备课组评选及教师个人考核的重要依据。

(三)课余辅导制度

除了制定备课制度,我们还制定了课余辅导制度。辅导是承认差别,因材施教,加强薄弱环节,完成教学任务,提高教学质量的重要手段之一。课余辅导制度包括以下八个内容。第一,教师、教研组、年级组要有计划、有目的地考虑培优、补差工作。各科教师都必须在教学班确定辅导对象。辅导对象可以根据辅导效果和教学的新问题更换。第二,辅导形式可按学科的特点不同而不同,如个别问题,个别辅导;普遍问题,集体辅导。第三,辅导对象可以面向不同层次的学生,对于学有余力者,让他发挥才智,遥遥领先;对于中间学生,让他赶超先进;对于学习困难者,让他树立信心,打好基础。第四,各科教师都要重视对学困生的辅导,不可放弃或轻视他们。第五,个别辅导要有计划、有方法,要把教学知识、纠正错误与德育教育、心理辅导紧密地结合起来。对学困后进生尤其要耐心细致,帮助其树立信心,不可伤害学生自尊。第六,在学生中开展适当的互帮互学活动。第七,办好学科兴趣小组或学生社团。教师应尽力指导学生在课外活动中,创造好成绩,提高学校信誉,扩大学校影响。第八,各科教师都应总结自己辅导个别学生的成功经验。

《课后个性化辅导方案》是我校为规范教学五环节,进一步提升教学质量,解决部分学生想学而又不知道如何学、能学而不想学的学习问题,同时增强学生信心,培养学生良好的学习习惯,鼓励学生每天有进步而特别制定的学习方案。

它是深入贯彻落实国务院《关于深化教育教学改革全面提高义务教育质量的意见》、上海市教育委员会《本市落实义务教育阶段学生减负增效工作实施意见》、启良中学《"强校工程"三年规划》等文件精神,以服务好家长、学生为宗旨,把课后个性化辅导作为一项重要工程来抓,切实提升教学质量的一项方案。总体目标是让每位家长放心,满足家长的合理需求,提供高质量的服务,不断提升家长对我校的满意度,并且对每位学生负责,以"课后个性化辅导"为平台,让学生在校园学习生活中享受幸福、健康成长。

课后个性化辅导主要针对任课教师、家长及学生本人有需求的在校学生。时间原则上为学校工作日下午放学后,一般情况下,六、七、八年级为16:30至17:00,九年级为17:00至17:30,在学校教室、办公室等地方进行。服务的过程遵循教育规律,保障学生身心健康,以日清或完成部分回家作业为目的,不增加学生额外作业。服务流程为教师申报——教导处协调——教师提交学生名单——班主任与家长学生沟通——家长提交书面申请——家长按时接送。课后个性化辅导免费给学生提供服务。每次辅导不超过10位学生,成员阶段性固定,征求学生及家长意见,达成共识,建好家校联系小群。教师如果某天有事不能进行分层辅导,则需联系同班子教师帮忙顶班,或提前2小时通知家长离校时间。如需临时增减个别学生,也必须提前2小时告知家长。家长提交书面申请,确保学生放学安全。

为确保课后个性化辅导工作能够扎实有效开展,我们成立课后个性化辅导工作领导小组,包括组长、副组长以及成员三个部分。此外,总务部门为学生提供场地、水电保障。安保部门加强16:45至17:45期间的校门口护卫工作。行政巡视人员加强六、七、八年级16:45左右,九年级17:15左右的巡视工作,及时解决问题,向教导处反馈具体问题，并提供合理化建议。年级组长及时汇总问题、合理化建议、一些好的做法，及时向教导处反馈。班主任强化清场工作，关注班级卫生及辅导后学生的安全。不同的部分都由专人专项负责保障收尾。

二、专家合作助力教研

我校除了制定相关的制度以及措施来保障备课辅导，还按照学科分类，邀请专家进行教学指导，来提升教师备课的专业性。比如在语文学科方面，多次组织语文备课组专家指导活动；在整体教学进度的安排方面，每周安排 8 课时（2 课时文言文复习＋2 课时新课＋2 课时现代文阅读＋2 课时写作）。初三年级第一学期重"现代文阅读＋作文"；第二学期（特别是二模考后重文言文背诵）注重复习节点和内容的安排。要把握复习节奏，采用"文言文复习＋现代文阅读训练"同步进行的策略。同时还有语文学习的专项辅导，如记叙文题型的归纳与分析，作文的分层撰写等循序渐进、科学合理的教学设计。

我们邀请专家合作开展不同主题的研讨活动，来提升教学质量。如与嘉定区教育学院专家联合的教学研讨活动，聚焦"加强数据分析"来提升教学质量。与闵行颛桥中学物理备课组联合的教研活动，聚焦"改进课堂参与方式"来提升课堂教学效度。与静安区教育学院专家联合的教学研讨活动，聚焦"关注课堂"来提升教学质量。这些不同的教研活动都是以课堂教学为主阵地，以提升教育教学质量为核心，以"探索有效课堂教学途径——作业"为突破口，关注教学基本功、教学重难点在课堂上的落实、转化，以学科备课组为基本研究单位，深入开展课堂教学研究，有序开展教学研讨活动。

不同的教研活动对应的原则有相同的部分也有不同的部分。相同点在于都是立足我校教学工作的实际情况，以教学实践过程中教师所面对的各种具体问题为对象，通过专家引领的方式共同研究和解决教学实际问题，总结和提升教学经验。不断提高教师的教学专业水平，逐步形成民主、开放、高效的研讨氛围。同时，通过教学研讨活动的开展，创设一种教师之间相互学习、相互帮助、相互切磋、相互交流的文化氛围，使我校备课组成为一个促进教师不断成长与提高的学习共同体。不同点在于,各个活动根据主题要求设定各自活动的具体讨论内容,如以"数据"为主题的教研活动,就旨在分析学生期末在调研方面的答题情况,并分析数据。

第二节 教学管理强化教学质量改革

一、教学管理制度

我们制订一系列的教学管理制度,如《教学常规检查制度》《教师上课常规》《调课、代课制度》等来保障教学质量。

(一) 教学常规检查制度

《教学常规检查制度》是通过检查考核的手段,督促并保证学校有良好的教学过程管理,保证教学任务的顺利完成,教学质量的稳步提高,保证全体学生有良好的学习环境,提高学习质量,完成学习任务,以此来强化和提高课堂教学的质量,加强课堂教学过程的管理。

我校在每学期期中、期末考试后会以教研组为单位,由分管领导和教研组长、备课组长检查组内所有教师的教案和作业本,包括语文、数学、英语、物理、化学、科学、生命科学、劳技、思品、历史、地理、社会、音乐、美术、体育、信息、探究、拓展学科的所有教师的教案。跨学科的教师必须检查其所有任教的学科教案。同时以《教学常规检查考核记录表》为依据进行评分。

针对教案,根据《主要教学活动安排表》上记录的教学进度,我们要求教师要有提前一周的备课量。备课组内教师有统一的教案,每位教师都有在集体备课的基础上用红笔修改的二次备课。针对作业,要求被检查教师所任教班级中一个班的作业内容要符合精选、适量、分层、面批等标准。

检查人员在检查过程中要严肃认真,详细记载《备课考核表》《作业布置、批改考核表》,按照评分标准客观、公正地评分。及时发现问题、总结典型,详细填写《教学常规检查反馈表》。检查后必须在教研组内作反馈,并且在规定的时间内上交《教学常规检查考核记录表》《常规考核汇总表》以及《教学常规检查反馈记录表》。

(二) 教师上课制度

《教师上课常规》是为了加强课堂教学管理,促进教学质量稳步提高,对教师上课所作出的有关教学目标、教学内容、教学方法、教学结构、课堂训练、上课礼仪、教学实验七个方面的规定。

第一,教学目标要正确,合乎教材和学生实际,包括知识的掌握、技能和能力的培养、潜能的挖掘、个性的发展等。

第二,教学内容要体现科学性、思想性、准确性,及时纠正学生的误区,激发学生与教师思想上的同步与共鸣。

第三,教学方法要恰当,能够在教学过程中发挥学生的主动性,创造和谐、民主、融洽的气氛,能够使得学生之间开始密切的协作,投入感情,掌握知识。

第四,教学结构要合理,有系统和条理、由简到繁地呈现教学内容,能够联系新、旧知识,围绕核心内容,提供实例和证据,并且适时概括学习要点,简明扼要、突出重点。

第五,课堂训练精准,少而精,少而益,不求多,只求达到的效果,只求方法的掌握,而不求题量的多少。

第六,教师要讲究上课礼仪。上课铃响后,教师必须在教室门口等候上课,不提前上课。每节课开始时,教师都要与学生互相问好致礼。注意衣着朴素大方,仪表端庄;教学用语规范,不讽刺学生,不体罚或变相体罚学生。按时下课,不拖堂。课堂上不接打手机,杜绝非授课人员进入教室。

第七,要重视教学实验,确保按教学要求完成演示实验与学生实验。

(三) 调课、代课制度

我校还制定了《上海市嘉定区启良中学调课、代课制度》,规定凡节假日涉及的停课、调课,以区教育局下发的放假通知为准;课程计划中安排的学生集中教育活动,以学校周工作通知为准;教师因公、病假(医院病假证明)、事假、参加业务进修(须有行政单位盖章的通知单或培训群通知截图)无法上课的,通过请假审批流程后,由教导处安排调课、代课。

如果教师参加学校安排的教育教学活动,学校会统一安排教育教学活动调课流程:每周区教育网公布培训或活动通知后,教导处确定出席人员,经分管校长审核同意后,教导处汇总名单并告知教务组,教务组人员进行调课后通知相关人员;学校统一教育教学活动安排调课,由分管校长在校长办公会上提出,经校长审核同意后,汇总给教导主任,再告知教务组,教务组人员进行调课后通知相关人员。

教师个人接教育教学活动通知调课流程:教师将通知截图发送至分管部门,部门主任审核并上报分管校长,分管校长审批后,再由教导处汇总交教务组,教务组人员进行调课并通知相关人员。教师因病或因事需要请假,经人事部门批准并通知教导处,教导处安排教务组人员进行调课、代课。

教务员安排调课应遵循公平、公正、对教学秩序影响小的原则。调课需填写《调课通知单》,经教导主任签字确认后,将通知单于上课前下发至相关教师以及涉及调课的班级;教师之间不得私自调课或代课,否则以旷工处理;原则上严格控制代课,若具体安排中无法调课或因特殊原因需安排代课,由教导处通知教务组人员安排教师代课,经教导主任签字后下发代课单;调课、代课申请单及安排由教务组做好记录并整理归档。

二、教学管理保障

(一) 自主督导

我们成立督导小组,主要采用听评课、教学常规检查等形式开展督导。通过自主督导,全面了解教育教学现状,重点自主检测"备课、上课、作业、辅导、评价"一致性方面的情况,发现问题后进行剖析、诊断、追踪、提炼和分析,总结经验,帮助教师改进教育教学行为。同时挖掘年级组、备课组中好的做法,挖掘教师的闪光点,肯定师生的辛勤付出。督导内容包括学科基础知识把握情况、教学手段使用状况、教学环节设计情况、教学有效性和达成度等;学生思维品质的培养,包括学习方法、学习兴趣、学习习惯、精神面貌等方面的培养；跟踪、掌控各班学习困难学生的课堂现状以及教师的对策。

（二）教学节活动

我们举办教学节活动，是为了深入推进"课程—课堂—评价"教育链式变革，以"教—学—研—评"一致性为导向，引领全体教师聚焦学科核心素养，探索基于课程标准的教学与评价校本化实施。引导教师研究学生、研究课堂、研究学科规律，探索基于课程标准的启良教学五环节实施，实现我校成长课堂的内涵提升。

（三）智慧管理

我校每学年根据发展方向做出工作部署，加强管理。首先是对学校面临的形势的研判，明确现状，阐明原因。其次是突出学校工作的重点方向，做好工作岗位安排，让每个教职工都清楚学校的工作重心，定位好自己的工作。中层干部岗位分为行政部门和党群组织，其中包含了办公室、教导处（含体卫科艺）、德育处、课程研发部（科研、课程开发）、人力资源部（人事、师训、档案）、总务处、安全保障处以及党支部、工会、团委、少先队。在这些岗位上的教职工需要对目前的教育形势有充分的理解和研判，应对教育改革的需要，适应学校发展，保持管理队伍的活力和创造力，因为管理队伍发展的保障就是学校发展的保障。

我们加强学校行政管理实效性，提倡"智慧管理"。首先要制定明晰的工作思路，避免以工作罗列为主，没有结构，只有条目。其次要突出工作重点，明确实质性的举措。最后要加强部门内的统筹意识。除此以外，还要加强管理规范、依法办学。

在实施智慧管理的过程中，我们坚持尊重规律、尊重学生、育人为本的原则。聚焦学校内涵发展的顶层设计，即学生培养目标与内容体系的建构，注重学生人格教育，以此来突破学校的教育教学改革，提升学校管理与文化建设。在管理的过程中，我们重视制度的约束，保持教育教学工作的有序进行，同时也重视管理的产出和产能，激发每个人的积极性，减少层级化的管理流程，校级领导与中层干部进年级、进教研组、进班级、进课堂，让决策更接地气。做到前期有调研和分析情况，中期实行蹲点项目，后期要有蹲点的成果。只有学校的整体持续发展，才会有个体和每个部门的发展。

第三节 作业设计提高知识掌握水平

一、"双减"下作业的设计与实施

2020年起,我们组织备课组教师,针对校本作业中出现的问题进行修订和完善,重新梳理作业设计重点,实施作业的整体设计,加强校本作业的审核,降低其错误率,提高其使用率,边实践边增补边优化,进一步丰富、规范了作业库,我校语、数、英、物、化等学科的学科资源库建设已基本完成。

(一)基础作业变形式,增质效

1. 预习作业重指导,提升自主学习能力

以前,语文作业基本上是抄写、背诵和默写,还有大量的教学辅导材料。作业结构相对较为单一,作业之间的关联性不高,机械性记忆类的题目过多,体现高阶思维品质的作业较少。过度使用教辅的现象也反映了作业内容的无序。

于是,我校建立和落实科学有效的作业相关的管理措施,每学年推出作业研究项目指南,引导教师对作业设计、批改、评价等环节进行研究,使得各学科的作业有了较大的改进。

比如语文学科。语文教研组围绕作业问题,根据学校学生的实际情况捕捉问题、分析问题、解决问题,以及抓学科管理中的关键问题。最后语文组确定设计预习作业,通过设计预习作业引导学生学会学习。

以语文预习作业为例(见图4-1),6—8年级的语文预习作业已基本体系化,有整体设计,以一节课为单位,文本规范,预习作业的课时作业目标与教学目标之间有较高的相关度。新课学习前通过积累词语、理解和整合、思维和拓展三大板块预习作业,培养学生语文学习的习惯和方法,提升学生自主学习的能力。

图 4-1　6—8 年级的语文预习作业

2. 复习巩固重方法，提升综合学习能力

针对不同的学习模块，在我校英语工作室的统一引领下，各备课组设计了不同年级的分层学案、课时练、专项训练题、中考专题训练题以及单元训练题，形成了英语的习题资源库。

同时，根据学科特点，定制个性化资源。如由于资源库缺少听说训练的资源，我们建立"轻松英语"平台，确保日常听说训练以及日常模拟测试正常开展。记笔记是日常英语学习过程中很重要的学习方法，但是由于部分学生听课质量较差、记笔记慢等，每天的笔记记录花费了学生大量的时间和精力。英语教研组经过多次研讨，设计出了学生课堂笔记（见图 4-2），内容涉及单词、句子、语法的使用，每天一课时内容，学生从原来的记笔记改变为画笔记、整理笔记并巩固当天的学习任务。

（二）分类作业融实际，增温度

1. 拓展实验有体验，提升课堂吸引力

物理学科涉及大量的实验教学，这是学生对这门学科最大的兴趣点。所以物理教师非常重视物理自制创新实验的开发和利用，在教学中注重渗透物理实验教学。针对我校大部分学生的动手能力和创新意识较薄弱的问题，物理老师主动对接新中考，对原有实验进行了大胆改进、重新设计。从实验形式上将原有自制的演示实验改成学生

```
Reading
1. Stonehenge 巨石阵；史前巨大石柱群
2. Parthenon Temple 帕提农神庙
3. the night of the horse 木马之夜
4. come down the stairs--two at a time 一次两个台阶从台阶上下来
5. go up the stairs-three at a time 一次三个台阶爬上去
6. stand on the high wall of the city of Troy 站在特洛伊城高高的城墙上
7. look down at the empty plain 往下看着空旷的平原
8. the Greeks 希腊人
9. capture our city 占领我们的城市
10. sail away 开船离开
11. take everything with them 带走了他们所有的一切
12. Outside the main gates of the city stood a huge wooden horse.
    主城门之外矗立着一只巨型木马
13. It is so big that they couldn't take it with them.
    It is too big for them to take with them.
    It is not small enough for them to take with them.
14. so...that... (肯) ←→ enough to do sth.
    e.g. The hall is so big that it can hold 100 people.
         The hall is big enough to hold 100 people.
15. so... that... (否) ←→ too...to / not...enough to do sth
    e.g. The box is so heavy that the boy can't carry it.
         The box is too heavy for the boy to carry.
         The box is not light enough for the boy to carry.
```

图 4-2 学生课堂笔记

随堂小实验或学生课后小实验等；从实验设计上本着实验操作简单化、实验材料生活化、实验制作低成本化等原则来改进。

如对"多块平面镜成像""光的折射示教仪""凸透镜成像实验模拟刻度尺""深水炸弹'模拟演示仪""液体对器壁压强演示器""魔杯""模拟马德堡半球实验"等一些实验进行了改进和重新制作，以达到更好的实验效果。

虽然教材和活动卡已列出大量演示实验和学生实验，但仍有章节没有实验或数量还不够，有些实验效果并不是很理想。根据教学实际，在我校物理工作室的统一带领下，教师改进和创新了一些实验，对改进和创新设计的 32 个实验撰写了设计案例，每个案例都包括实验名称、实验目的、实验准备（包括实验器材和器材说明）、实验内容、实验要领和实验效果等。

2. 尊重差异有选择，提升课堂针对性

我们帮助教师解读《义务教育课程方案和课程标准（2022 年版）》，合理确定教学内容，建立课程标准与课时教学目标之间的关联，让学生在每一节课上都有所收获。我们让教师在单元教学后设计专项训练作业，强调作业分类、分层，突出读写，挑选重要的、典型的试题，建立思维路径等。

作业各有分类。如在英语作业设计过程中,对听力、基础、阅读、作文等板块进行专项分类,由浅入深,举一反三(见图 4-3)。

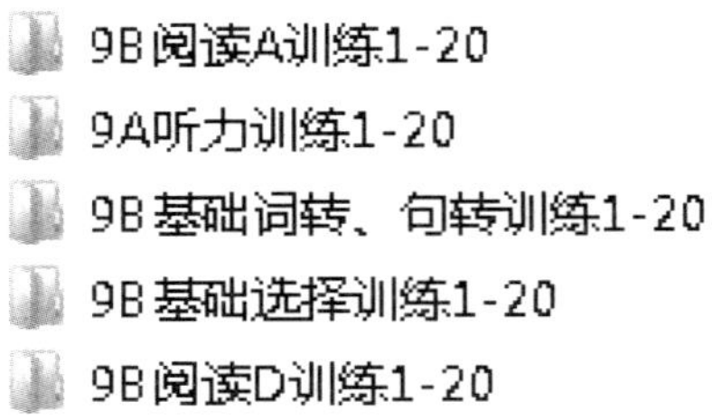

> 9B阅读A训练1-20
> 9A听力训练1-20
> 9B基础词转、句转训练1-20
> 9B基础选择训练1-20
> 9B阅读D训练1-20

图 4-3 英语作业设计分类

3. 作业有分层

以数学教研组分层作业设计为例(见图 4-4)。刚开始,教师对要进行混合式分层作业设置,还是独立模块分层作业设置有很大的争议。教研组在经过多次研讨后,决定采用独立模块分层作业设置的方式设计分层作业。

其中"基础练习"主要用于检验课堂教学目标达成情况,要求优秀学生不错;中等生少错,对于典型错误题目则会采用集中讲评的方式加以落实;基础薄弱的学生确保一定正确率,对于个性错误的题则采用个别辅导的方式。

"能力提升"侧重在稍复杂情境下学生能运用课堂所学方法解决问题,要求中等生在讲评后能认真订正,基础薄弱学生可以选择性分步骤地尝试做一点。对于"能力提升"类题目,教师主要侧重问题分析,培养学生的问题转化能力。

"综合拓展"主要侧重单元知识的综合运用,鼓励学生的创新思维。经过一定时间的实践及作业分析数据印证,"综合拓展"类题型学生投入时间多,正确率较低,在没有足够支架的状态下不适合大量布置,因此各备课组严控此类型作业的布置,从每天 3～4 题,减少到每天最多 1 题。

4. 作业有支架

作文一直是老师最头痛的作业之一,学生最怕写作文或写不出作文也写不好作文。思维导图是设计写作作业最好的支架之一(见图 4-5)。它能帮助学生拓展思路,确保有内容可写。

一、基础练习(完成时间_____分钟)

1、22 与 8 之比为_____。

2、一个比的前项是 8，后项是 5，则这个比是_____，比值是_____。

3、如果 a=3，b=4，则 b：(a+b)=_____：_____。

二、能力提升(完成时间_____分钟)

9、一个比的前项是 $\frac{1}{4}$，后项是 2，那么这个比是_____

10、甲数是乙数的 $\frac{2}{9}$，甲数与乙数的比是_____，乙数与甲数的比是_____

11、自行车 2 小时行 16 千米，飞机 2 秒钟行 1200 米，则自行车与飞机速度的比值是多少？

三、综合拓展(完成时间_____分钟)

12、小明骑车上学用时为一刻钟，步行上学用时为 40 分钟，那么他上学途中骑车的速度与步行的速度之比的比值等于 (　　)

(A) $\frac{3}{8}$　　(B) $\frac{8}{3}$　　(C) $\frac{1}{40}$　　(D)40

13、如图：A、B 两个正方形的公共部分的面积是 A 正方形面积的 $\frac{1}{4}$，是 B 正方形面积的 $\frac{1}{5}$，那么 A、B 两个正方形的面积之比是_____

图 4-4　数学教研组分层作业设计

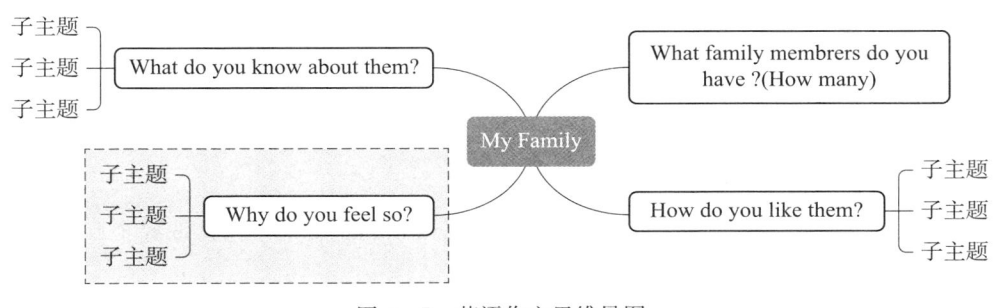

图 4-5　英语作文思维导图

(三) 反思作业常调整,增活力

1. 公示作业内容,反思作业总量

我们从切实减轻学生课业负担的角度出发,编制作业公示的管理文本(见图4-6)。

9 月 23 日 周五			
科目	作业内容（非书面作业打*）	是否分层	书面作业平均用时（*分钟）
语文	完成923周末练习卷	是	25
数学	校本作业, P6~P8	是	30
英语	1.整理大小白u2错题 2.自默笔记签名 3.复习u1u2笔记课文	是	20
历史	1.订正练习册1-6课 2.完成练习卷 3.在练习卷空白处自制第二单元思维导图	是	15

图4-6 作业公示的管理文本

同时教导处对作业提出了明确的要求：

（1）要布置科学、合理、有效的作业。帮助学生巩固知识、形成能力、培养习惯,帮助教师检测教学效果,作业都要有梯度和层次性,以满足不同学力学生的学习需要。

（2）要关注作业总时长。减少作业量,杜绝机械重复抄写类作业,与课堂教学目标不一致的作业,超出课程标准要求的作业,以及惩罚性作业。

（3）作业的批改反馈要及时有效。要全改全批,有复批。避免不批改、不及时批改、学生批改、以讲评分析代替批改现象。加强鼓励性及指导性反馈。

（4）作业要公示。要按照学校提供的模板,从日期、科目、作业内容(非书面作业打*)、是否分层、书面作业平均用时(分钟)等方面规范填报。班级作业要每天公示。

2. 借助作业批改,反思作业难度

我校重视教师批改与讲评,落实配套作业管理措施。明确提出作业要全改全批,要有复批。

3. 分析作业结果,反思课堂有效性

我们及时引进作业分析系统,要求教师分析作业结果,增强作业目标与教学目标的关联性,体现题目的典型性、内容的开放性、操作的科学性以及学生的选择性。同时,通过作业讲评课对课堂重点难点进行复习、巩固和拓展。

二、基于 PDCA 四联单的主题式课例研究改进作业质量

(一) 发现问题,以课前、课后检测为重心的作业设计

通过对学校教师全面观察分析后,我们发现,教师在作业的设计和研究上存在以下问题:

一是教师对学生以及教材情况的分析还比较片面,课前、课中、课后三个环节的分析不能做到综合连贯,作业设计的目标与教学目标还不能达到完全一致。

二是教师对作业的设计还存在经验主义,缺乏证据,没有考虑到学生的多样性和复杂性,导致作业的设计与目标有偏差,或者是作业检测的结果不能达到预期的目标。

三是教师在作业设计中主要重视作业的设计环节,没有将作业的布置与完成方式、批改方式、统计分析以及讲评辅导等环节结合起来,缺乏对作业设计的反思,没有将作业的过程和反馈结果与课堂相联系,因此对课堂改进的促进作用不明显。

四是教师对作业的研究还存在单兵作战的现象,缺乏合作的意识,导致作业研究的效率较低,而且很难持续。

为了解决这些问题,我们以"成长课堂"构建的作业设计与实践研究为主体,将课例研究的主题进行细化(见表 4-1),将课例研究的重点放在课前检测和课后检测的设计与实施上,并力求用课前检测和课后检测的结果与反思反作用于课堂教学的改进。

表 4-1 以"成长课堂"构建的作业设计与实践的课例研究主题及目的

课例研究主题	目的
如何上好作业讲评课和复习课	引导教师用作业结果的统计数据反思课堂
加强作业研究,提升课堂效能	加强教师分析数据的能力,以评估课堂效果
基于作业的多元授课方式的课堂教学改进策略	聚焦课堂中教师教学方式的转变,激发学生学习热情,提升学生学科素养

（二）实际操作，以课前、课中、课后为步骤思考作业设计

1. 课前研讨

主要指分析教材和学情，重点解决教学目标与作业设计目标的一致性问题。

研究教材：先由授课教师制定课时教学目标，教研组或备课组在将上海市初中各学科教学基本要求进行分解后，将课时目标与上海市初中各学科教学基本要求分解后的目标进行一一对照，最后讨论确立课例研究的教学目标。

分析学情：在教师进行有效教学之前，参照教学目标收集多方面的学生信息，分析学生可能的表现；要了解学生如何学习，设身处地地站在学生立场，从学生学习的视角来预测自己的教学实践，做全面的准备，如思考学生如何理解教学内容，可能遇到哪些困难，可能产生哪些错误概念，自己的教学如何支持他们学习、克服困难等。

课前准备：讨论确定符合教学目标和学情的课前检测、课后检测题目。其中课前检测可有部分监测点略高于教学目标的难度，以激发学生的课前思考，课后检测题目一定要与教学目标相匹配。根据组内对学生情况的事先分析判断分工观察任务，设计观察工具，确定观察对象。其中，设计观察工具是一大难点，一定要基于事先讨论的观察主题、观察要点及观察角度来设定。

2. 课中观察

主要指记录与整理学生表现，关注作业研究的设计、布置与完成方式、批改方式、统计分析、讲评辅导五个内容之间的内在联系，以及作业五环节与课堂教学之间的联系。

授课内容与授课方式：教研组或备课组从作业研究的五个内容中选择一个作为组内教师共同研究的主题，执教内容的选择是由教研组或备课组研讨后统一决定的，根据研究主题的需要，可以选择最能体现研究主题和教学重难点的内容单元作为进行探究的试教内容。课例研究的方式可以用传统的"同一内容——同一教师——连续改进"的方式，也可以尝试"同一内容——不同教师——接力改进""同一内容——不同教师——对比比较""同一单元——不同教师——循环改进""不同内容——不同教师——借鉴改进""不同内容——多对教师——接力改进"的模式进行多角度的改进。

记录学生表现:在课前确定了学生的预期表现之后,参与研究的教师还需要进一步明晰确切的观察目标,使观察更有指向性。有了观察目标,还要设计收集学生表现的观察工具。教研组长或备课组长将观察点分配给每位参与研究的教师,教师以观察点(通常为备课组)结为小组,设计能够达到观察目的的观察量表(见表4-2),并在课上进行细致的观察记录。由于课堂观察非常复杂,是一个动态过程,因此观察工具的设计必须既能体现观察的目标,又便于记录。在观察过程中,教师需要忠实地记录学生的课堂学习表现,不能主观地进行有选择性的记录。

表4-2 观察量表

	观察点/程度 (0:未见;1→5:程度由低到高)	举例/说明
维持学习动机	1. 创设贴近生活、激发兴趣的情景	
	2. 给予大多数学生成功的体验	
采用多元方式	3. 运用除讲授以外的多种教学方法	
	4. 提供大多数学生参与学习活动的机会	
	5. 组织和促进学生的互动与合作	
	6. 选用合适的媒体资源	
善用发问技巧	7. 问题明显呈示,表达清楚,指向明确	
	8. 提出与学生认知水平相吻合的开放式问题	
	9. 留出适当的待答时间	
	10. 对学生的答问不是笼统地给出评语,而是有区别地理答	

整理观察结果:教师需要记录学生表现、整理观察结果,此处的观察不仅包括观看,还包括分析之意。参与研究的教师要根据自己在课堂上对学生的记录反观教学目标,针对课堂的每一个环节初步分析学生为何有如此表现,学生的表现与教师的教学有什么样的具体联系。最后形成从教学环节、教学目标与内容、教学过程与方式到时间分配等教师课堂教学行为与学生学习表现和学习效果相对应的初步诊断与分析。

3. 课后分析

根据课后检测表（见表4-3），讨论分析课前检测、课后检测设计的结果，反思教学方式与评价方式，提升教师课程领导力。

表4-3 课后检测表

作业评价标准	优秀： 良好： 合格： 需努力： 极差：				
作业分析包括：作业统计、作业质量分析、学生情况分析、列举典型错误					
	评价等级				
	优秀	良好	合格	需努力	极差
学生数					
占比（%）					

持续跟进课前检测、课后测验的结果。利用信息化技术建立以年级学科为单位的教学质量分析库，从多个维度记录作业研究的结果，为教研组或备课组进一步讨论分析作业研究的五个内容之间的内在联系，以及作业五环节与课堂教学之间的联系提供客观数据。同一个教研组或备课组也可以多次对比研究结果，从而循环改进本组的作业设计，我们也可以利用数据进行同年级同学科的不同教研组或备课组的作业研究对比，从而分析改进，为研究的持续性做技术保障。

梳理作业设计的有效策略，反思课堂改进。对照教学目标、教学设计的实施、课前与课后检测的数据分析，在反复几次的课堂实践之后，再次进行教研组或备课组活动。清晰地梳理第一次课堂实践、第二次课堂实践与第三次课堂实践中教学效果达成等方面的经验。根据教研组或备课组所选定的课例研究的主题，重点分析作业设计、布置与完成方式、批改方式、统计分析、讲评辅导五个内容实施的成功与否，在课例研究的整个过程后哪个内容有了改进、有了哪些改进。全组学习并将其运用到今后的作业设计当中。之后，反思课堂教学中如何实施作业研究的五个方面的内容，是什么导致了课前检测和课后检测结果的不同，反思课堂教学并提炼学科教学的关键要素，提升教师课堂教学的能力以及学科课程领导力。

(三) 反思改进，聚焦研究主题，抓实研究过程

随着课例研究的推进，课堂逐渐聚焦，教师形成了"教—练—考"一致的教学思路，但是还存在以下问题。

在实际操作的过程中，教师的思路经常会受到传统的听课、评课思维的影响，凭经验对教师的课堂进行点评，从而忽略事先确定的研究主题。因此，实施课例研究的组长一定要在全组充分讨论之下确定一系列研究的主题和内容，并且与组内教师达成高度一致，将研究的主题一以贯之，让研究更聚焦、更有效。

我们进行的课例研究多实施在教研组的层面，其实也有一定的弊端。大家平时的教学内容不尽相同，甚至任教的学科都有所不同，如综合理科教研组。因此，我们要把课例研究的模式继续推进到备课组层面进行实施，让研究的过程更加扎实、更加日常化。

因此，我们继续采用PDCA循环工具，通过"计划—执行—检查—处理"四个步骤，继续改进学校课例研究，聚焦课堂痛点。

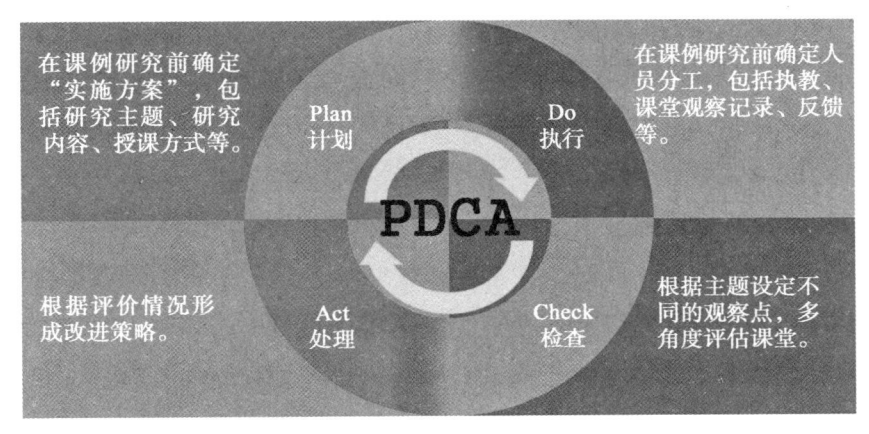

图 4-7 PDCA 循环工具

教导处与课程研发部根据前几轮课例研究的观察结果,对教研组的教学进行深度的研讨,找出该教研组在课堂改进中最需要解决的问题,并将问题分解为三年的规划。教研组根据引导详细制定出每一年、每个学期需要解决的问题,并将问题转化为研究的主题,与教研组、备课组的学期活动计划相结合,落实到每位教师的每一次课例研究的主题上。教研组内的教师们更进一步地明确了每一节课例研究的研究方向,目前已经实施了两个学期。教研组、备课组内每一位教师的课例都指向备课组、教研组的研究主题,为教研组解决目标问题提供了更细节化的支撑,每一位教师对课例研究的体会更加深入,从而提升了教师个体的课堂质量。

2022年,我校将课例研究从教研组下沉到了备课组,解决了教研组研究范围太广、研究的过程不扎实的问题。备课组内成员在每一学年内进行一次课例研究,由教导处公布课例研究的时间安排。第一次展示课是自我诊断及反思,第二次展示课是备课组在组内研讨并反思改进,如有需要可以进行第三次展示课,范围可以扩大到教研组。在诊断改进过后,每位进行课例研究的教师都针对自己的课例撰写课例研究报告,备课组长作总结并撰写备课组内的课例研究报告,总结课例研究的得失,再向整个教研组推广备课组的先进经验。通过每位教师的实践,层层总结,课例研究的过程也被扎扎实实地推进。

三、作业布置与批改常规

布置和检查课外作业是课堂教学的延续,是教学活动不可缺少的有机组成部分,是学生巩固所学知识和教师反馈教学效果、改进教学的重要手段,因此教师必须精心设计作业并认真批改,做到"适量、适度、综合、及时、严格、讲评"十二个字要求。

(一)作业布置

作业的适量即按照国家规定的作业时间执行,学生每天每门功课的作业量控制在0.5小时以内。杜绝惩罚性作业、随意作业、大量的机械重复作业。适度就是作业的难易程度以多数学生的水平为基础进行分类,因人而异,作业要分层,有必做题,有选做题。

在此基础上，我校提倡个性化的作业，作业类型包括创作类作业、实践性作业、探究性作业、分层性作业、开放性作业与综合性作业。

创作类作业，即可以拓展学生想象的空间，增强和丰富想象力的作业，可以是小设计、小论文、小故事等不同形式。让学生把平时观察到的身边的知识，在学习中发现的规律，对某个知识点产生的疑问等及时纪录下来并进行分析，定期相互交流，相互评价。

实践性作业，即可以根据学生的年龄特点与心理规律，结合教材实际，通过新颖有趣的形式把课程和开放的实践活动巧妙地联系起来，让他们在活动中增长知识，增长才干。

探究性作业，即有效的学习活动不是单纯的依赖模仿与记忆，而是学生的动手实践、自主探索与合作交流，这样学生对知识、技能才能真正理解和掌握。为此，在作业设计时，设计一些以学生主动探索实验、思考与合作为主的探索性作业，可以使学生在活动中成为问题的探索者。

分层性作业，即学生的差异是客观存在的，所以在设计作业的时候，要求根据学生身心发展和课程学习的特点，尊重学生的个体差异和不同的学习需求，给每一个学生提供思考、创造、发展和成功的机会，针对学生的个体差异设计层次性作业，为任何一个学生创设练习、提高、发展的环境，使每个学生都成为实践的成功者。

开放性作业，即教师要带领学生走出教室，接触社会，教师在备课时要尽可能地了解学生的生活实际，寻找知识的生活原型，让学生学习生活中的知识。

综合性作业，即学生做作业的过程，不应是一个"被动吸取知识、记忆、反复练习、强化储存的"的过程，而是"拥有积极的心态，调动原有的知识和经验，尝试解决新问题，同化新知识，并积极构建新知识"的主动学习的过程。对于学生从书本上学到的知识和技能，教师要提供机会，引导他们将其应用到实际中去，去解决问题，同时引导学生构建知识体系的系统性、综合性，形成知识的网络体系。

（二）作业批改

教师在作业批改的过程中，要及时、得法，并具有示范性，注意格式规范、日期准确；作业修改符号要统一，评语得体，富于激励和指导作用；注意书写要工整，对部分学生纠正的作业要复批。教师要培养学生良好的做作业习惯，在做作业的过程中要引导学生先复习再做作业，养成认真审题、独立思考、按时完成作业的习惯，严禁互相抄袭，同时要规范书写。作业批改后，教师要有记录，对习题的独特见解，特殊解法及出错的典型题目，出错原因的分析和纠正错误的方法等都要及时认真评讲。

我们对于教师的作业布置与批改会进行常规检查。规定统一的时间以及地点，检查的对象涉及语文、数学、英语、思品、科学（生科）、地理、历史、化学各个学科，以及六至九年级各个年级。各科的检查内容各有侧重，在语文方面，检查默写本、作文本、讲评订正后的试卷（或订正本）、笔记/摘抄本（教辅资料不检查）；在数学方面，检查练习册、练习本、讲评订正后的试卷（或订正本，教辅资料不检查）；在英语方面，检查默写本、作文本、讲评订正后的试卷（或订正本）、校本练习（教辅资料，抄写本不检查）。检查人员由语数英教研组长、语数英备课组长、教导处组成。对于教师的作业布置以及批改情况，我们以等第评定，分优秀、良好、达标三类，其中优秀不得超过三分之一。

在检查过后，学校教导处对教师的作业布置和批改结果进行了评比与展示，促使教师增强自己的责任感和使命感，以此促进教师遵循各学科评价指南的总体要求备课、设计多样化作业，探索课前作业、课堂作业、课后作业的布置与设计，进一步优化教学过程。

另外，教导处针对部分现象，会指出一些个别问题，如在作业形式及内容上，同一备课组统一度不高，备课组合作备课的优势有待进一步发挥；部分教师的作业布置未能体现分层，未能精选作业，作业设计停留在"拿来主义"；部分教师上交的作业中精选了优秀生作业，缺少临界生、后进生作业；等等。

四、教学用书征订工作

（一）教师教学用书

根据建立校本作业的要求，教师可以根据自身的教学需要选择作业用书，具备一定的自主权。

我们根据教师的需要制定了教师教学用书等征订工作规定。所用教材经备课组协商讨论之后，开学一周内由备课组长以电子表格的形式将征订书目上报教导处，由教导处按照学校采购流程统一购买。

教师教学用书配备数量为：教师不超过 3 本，备课组长不超过 4 本。如有特殊情况，需由备课组长向教导处提出特别采购申请。教师教学用书领取由备课组长统一在规定的时间内到教导处指定地点领取，并在签收单上签名。

（二）学生报刊征订

我们对于学生的报刊征订也作出了相关的规定。按照学校教育教学工作需要及学生自身需求，报刊以学生自愿原则征订。

开学前，教导处根据区教育局相关要求拟定《报刊征订意见征询单》，并召开班主任会议下发意见征询单。班主任负责统筹、解释、统计汇总工作，并在一周内收齐报刊费，上交财务部门。财务部门汇总全校报刊征订种类、数量并做好收费工作，反馈给教导处。教导处将汇总好的报刊征订情况下发至各班级进行核对，核对无误后上交邮局，同时下发图书馆，作为报刊分发的依据。师生征订的所有报刊必须在区教育局下发的报刊征订清单范围内选择，由学校教导处组织统一征订。如有特殊情况，需由备课组长向教导处提出征订申请。教师不得私自与出版商联系征订报刊。

（三）学生教学资料使用

考虑到目前我校教学资源库还在建设中，师生对作业、检测试卷等有一定的需求量，在未来 1—2 年内，允许每门考试学科使用 1 本教学资料，用于日常作业、测验的补充。但是必须遵循以下原则：不得要求或组织学生购买未经国家或上海市审查通过的教学资料，如选择审查通过的教学资料则需经学校审批，按学生自愿原则购买。学生课后作业原则上以校本作业为主。需要为学生配备教学资料的，经备课组教师统一协商讨论后，为学生选择 1 本教学资料，并在开学一周内以电子表格的形式向教导处报备，经学校审批后实施。如有特殊情况需使用超过 1 本教辅材料的，需由备课组长向教导处提出特别申请。所有教学资料必须由学生自行购买，教师一律不准为学生统一购买或与供货商直接联系送货。

第四节　教学评价突破课程发展瓶颈

一、课程与师生的评价方式

我们遵循科学原则对课程质量进行客观评价，并为后续的课程开设与科学决策提供相关依据。表 4-4 是我校的课程评价表。

表 4-4　课程评价表

评价主体	一级指标	二级指标	是否满足指标要求及说明	得分
督导和同行评价（60分）该项由教导处、年级组长、教研组长、备课组长评价	课程目标（10分）	课程目标能很好地反映培养计划对该课程的基本要求		
		课程目标适合学生的发展水平和特点		
		课程计划合理可行		
	教学设计（10分）	为不同基础和个性的学生设定不同的教学目标		
		教学大纲里列举了教学重点和教学要求		
		课程内容安排的时间充分		
		采用各种策略来激发学生的兴趣和注意力		
		教学媒体和教学资源选择合适		
		对师生交互活动的主题和过程有明确的要求与安排，并且能引发学生对学习内容的积极投入和思考		
	课程内容（10分）	对不同基础和个性的学生有不同的内容安排		
		教材内容与教学大纲的要求吻合		
		推荐了丰富有效的参考书和文献资料		
		课程分配的任务满足学生需要并带有一定的挑战性		

续表

评价主体	一级指标	二级指标	是否满足指标要求及说明	得分
		课程实验与课程目标要求吻合		
		课程内容时间分配合理		
		教师完全能掌握所授内容		
	教学方法 （10分）	采用的教学方法能吸引学生的注意力		
		采用的教学方法有利于学生的主动参与		
		教学过程中能根据学生的学习情况调整教学方法		
	课堂教学情况 （20分）	备课充分		
		介绍本堂课的教学安排		
		强调基本概念,疑难关键知识点讲解透彻		
		讲课有条理		
		不时地总结所讲内容		
		有效利用课堂时间		
		鼓励学生提问、表达自己的观点		
		对学生的问题给予清晰的、容易理解的回答		

同时,我们采取教师自评、团队互评、学生问卷、管理部门评价相结合的多元评价体系,对教师课程开发与实施的成效进行评价,评价结果作为教师评先推优、职称晋升与岗位聘任的参考。表4-5是学生对教师的评价表。

表4-5 学生对教师的评价表
为了了解学生对教学质量的评价和意见,帮助教师改进教学、提高教学质量,为教学管理提供决策依据,请学生填写下表,以促进师生共同成长。
填表日期:_____ 任教科目:_____ 任课教师:_____

评价项目	评价内容	学生评分				
		5	4	3	2	1
德	1. 衣着、言谈大方得体,举止文明。					
	2. 对我们的评价以肯定、鼓励、表扬为主,使我学习更有信心。					

续 表

评价项目	评价内容	学生评分				
		5	4	3	2	1
	3. 尊重我们每一个学生,处理每一件事情不偏不倚,让我心服口服。					
	4. 认真对待每一节课,上课时精神饱满,能够让我有所收获。知识丰富、普通话标准、有感染力、教态亲切、板书规范。					
勤	1. 按时上课,课前准备充分,引导我有序地学习。					
	2. 经常和我们平等地交流,在学习和生活方面加以引导,对我们反映的问题认真对待,及时解决。					
	3. 上课不迟到、不早退,中途不无故离开课堂,上课不抽烟,不接打电话,不坐着上课。					
	4. 作业分层,批改作业认真,并有批语。					
能	1. 能有效管理学生并及时处理课堂突发事件,我们在课堂上秩序良好。					
	2. 能及时发现我们在学习、生活等各方面的困难并帮助解决。					
	3. 课堂教学能力　① 上课后,能引导我们快速进入这门学科的学习状态。					
	② 课上能将要教授的教学内容循序渐进地讲清楚,用普通话授课,语言准确、生动,板书工整,同时使我们掌握学习的方法并能举一反三。					
	③ 课堂内容丰富,语言精确生动,讲解清晰易懂。					
	④ 每一节课中,都有适合我参与的内容。					
	⑤ 板书设计合理、工整,让我一目了然。					
	⑥ 解答我的问题时耐心细致,经常鼓励我们。所辅导的科目成绩有所提高。					
	4. 良好的师生沟通能力,与我们关系融洽。					
导	1. 引导我们更有效地学习,提高学习效率。					
	2. 引导我们树立健康的心态,增加学习兴趣。					
总分						

我们对学生课程学习的评价，分为过程性评价与终结性评价两部分。

过程性评价，即根据逆向课程设计原理，制定不同年级学生的发展目标。为了增强可操作性，我们对各年级的每一个目标要求都明确了学生的标志性活动或表现，以及该要求的具体评价指标，从学生课堂表现、活动参与、成果展示等多元评价出发，制定学科评价量表，并在课程中使用。

终结性评价针对不同类型的课程，有不同的要求。对国家课程，按照《上海市中学生学籍管理》的要求，每个学年对学生给出一个学年评价；对拓展型课程，评价要注重过程性和多元化。评价时，注重学生学习兴趣、学习表现、学习能力等方面，可作等第式记录，评价结果可在学生成长手册中记录和呈现。

表4-6　＊＊学科学生学习评价表

学生姓名_____　　学科_____

项目	A级	B级	C级	个人评价	同学评价	教师评价
认真	上课认真听讲，作业认真，参与讨论态度认真	上课能认真听讲，作业按时完成，能参与讨论	上课无心听讲，经常拖拉作业，极少参与讨论			
积极	积极举手发言，积极参与讨论和交流，阅读大量课外读物	能举手发言，参与小组讨论和交流，偶尔阅读课外读物	很少举手发言，极少参与讨论与交流，几乎没有阅读过课外读物			
自信	大胆提出和别人不同的问题，大胆尝试并表达自己的想法	能提出自己的不同看法，并做出尝试	不敢提出和别人不同的问题，不敢尝试和表达自己的想法			
合作	善于与人合作，虚心听取别人的意见	能与人合作，能接受别人的意见	缺乏与人合作的精神，难以听取别人的意见			

续　表

项目	A级	B级	C级	个人评价	同学评价	教师评价
条理	能有条理地表达自己的意见,解决问题的过程清楚,做事有计划	能表达自己的意见,有解决问题的能力,有一定的条理性	不能准确表达自己的意见,做事缺乏计划性、条理性,不能独立			

二、教学质量分析制度

我们设立了《教学质量分析制度》,由各任课教师、备课组、年级组、教研组、教导处、校长室分别按要求认真地做好质量分析。

第一,任课教师要写好质量分析表,并着重针对成功的经验和存在的不足分析得失原因。对成功的经验应予以巩固,对存在的问题应制定切实有效的改进措施。

第二,备课组既要分析本学科的质量,还要从纵向教研组内各年级中的水平和横向年级内各学科中的位置进行分析,找出成功的经验予以继续加强,并着重对薄弱的环节提出改进的措施,组长要有分析报告。

第三,年级组要分析年级内各学科的质量,总结优势学科的经验予以推广,同时找出薄弱学科的症结,提出改进的措施和方法;要从年级内优秀生的量和质上进行分析,同学科制定的目标进行对比,从教与学上分析得失,从而提出在培养优秀生上可以加强和改进的措施;要从年级学困生的量和质上进行分析,就如何减少学困生、提高合格率上提出加强和改进的措施;此外,组长要召集年级组分析会,并应就学校的管理、师资的质量等提出个人的意见和建议。

第四,教研组要分析组内各年级的质量,总结优势备课组或优势任课教师的经验予以推广,同样找出薄弱备课组或任课教师的症结,提出改进的措施和方法;要从本学科的优秀生和差生分别在年级各学科中的量和质及所处的位置进行分析,提出在课堂教学和辅优补差中结合学科特点,必须加强和改进的措施及方法;要从各年级试卷的命题质量上进行分析,同区教科所要求的质量进行对比,对自己命题的试卷的质量有一个清楚的认识,以提高今后备课组测试命题和学校考试命题的质量;此外,组长要召开教研组分析会,并应就学校的管理、师资的质量等提出个人的意见和建议。

第五,教导处的教导主任要及时了解掌握各学科、各年级考试的质量,及时组织并指导好各备课组、年级组、教研组的质量分析工作。要对全校各学科、各年级的考试质量作出全面的分析,总结出优势任课教师、备课组、年级组、教研组的成功经验予以推广,分析出薄弱的学科、组室的不足,并指导制定改进和提高的措施。如有可能,若有区统测的学科,应及时了解有关兄弟学校的质量,并作出对比分析。要找出教导处在教学管理中的得失,提出推广或整改的意见。此外,教导主任要召开组长分析会,并将以上教师及各组室的质量分析表、分析报告整理归档。

第六,校长室要对全校各层次的质量分析进行布置、指导和检查,校长本人应各参加一个备课组、年级组和教研组的质量分析活动。要从纵向上同上学年期中考试的质量进行分析对比,从试卷命题的质量、考试的成绩上作出客观的和实事求是的分析;要从横向上就区统测的学科同兄弟学校、区平均水平进行对比分析,明确学校在全区中的位置。此外,校长要认真查阅各个层面上的质量分析表,并结合以上分析,就成功的经验和薄弱的环节(学科、年级、班级、教师)提出推广或整改的措施。如有必要或可能,应就师资的安排、有关教学活动的安排等作及时的调整。

三、学科评估制度

我校依据时间制定学科评估,检测学生学科单元目标的达成度,便于教师科学地评估及分析学生情况,及时优化调整教学策略。在评估方案中,规定了单元评估时间、参与对象、命题人、命题要求(包括时间、分值、内容、难度、评判方式等)以及科目安排和监考安排。对于不统一参加评估的学科,我们还会根据学科的特点,制定相关的考核实施细则。

比如对于"道德与法治"这一学科,我们规定考核内容是学习成绩、学习表现和学习能力、实践能力三项内容,每项内容的分值各为 10 分,共计 30 分。

学习成绩包括平时成绩和期末成绩,分值均为 5 分。平时成绩是平时检测的完成率、准确率及订正情况,由高到低分 A、B、C、D 四个等级,合格及以上得 5 分,不合格得 4 分(不合格指平时检测成绩不合格且不能按教师要求完成订正)。期末成绩是期末笔试成绩,同样由高到低分 A、B、C、D 四个等级,合格及以上即得 5 分,不合格(期末笔试成绩 59 分及以下)扣 1 分,若补考合格则可不扣分。考试作弊视情节恶劣程度扣 2—5 分。

学习表现和学习能力也分为两个方面,各占 5 分。我们根据学习表现和学习能力的要求,各从 5 个方面制定了相关的观测表格。

下面是学习表现方面的观测表。

表 4-7 学习表现观测表

序号	观测点	评价			成绩
		自评	互评	师评	
1	尊敬师长,友爱同学,具有良好的思想品德(1 分)				
2	遵守课堂纪律(1 分)				
3	积极举手回答问题(1 分)				
4	参与时政讲评、讨论、探究等教学活动(1 分)				
5	按要求完成作业和及时订正(1 分)				

下面是学习能力方面的观测表。

表 4-8 学习能力观测表

序号	观测点	评价			成绩
		自评	互评	师评	
1	收看新闻,了解国内外重要时事(1 分)				
2	一定的思维能力,正确地辨析社会现象(1 分)				
3	一定的表达能力(1 分)				
4	归纳、整理知识的能力(1 分)				
5	合作学习的能力(1 分)				

需要注意的是,表 4-7 和 4-8 每个观测点中的自评、互评、师评的评价标准均为"优""良""合格""需努力",同一观测点出现两次"需努力"则扣 1 分。

下面是实践能力方面的观测表。

表 4-9 实践能力观测表

序号	观测点	评价			成绩
		自评	互评	师评	
1	参与爱国主义主题教育活动,参与社区、学校组织的各类实践活动等(5 分)				
2	结合新闻热点,利用教材知识进行综合分析,撰写时政点评(5 分)				

需要注意的是表 4-9 中的任务在本学段只需完成一次,即可获得成绩;若有多项活动记录,学生自行选定 1 项进行评分。

学校每学期会按满分 20 分(学习成绩 10 分+学习表现和学习能力 10 分)进行计算,实践能力在本学段只记一次分。每学年日常考核成绩取两个学期的平均分,最终本学科在本学段的考核成绩按每学年"学习成绩+学习表现"和"学习能力+实践能力"核算出总得分。

第五章
关注学生个人成长发挥育人功能

第一节　发展养成教育培育学生良好习惯

良好的行为习惯体现着一个人的整体素质。中学时代是人生一个十分重要的阶段，因为它不仅是中学生许多行为习惯养成的阶段，也是世界观、人生观、价值观逐渐形成的阶段，更是将来可持续发展、终身学习的打基础阶段。因此，抓好初中学生的养成教育具有十分重要而深远的意义。

我校成立了"好习惯伴我成长"工作室，主要从养成教育的研究与对年轻班主任的培养两个方面展开，力求打造一个优秀的班主任团体，使年轻班主任迅速成长，满足新时期的教育工作，让不同层次的学生都能健康快乐地成长。

工作室依据启良学子培养目标"有良知、会学习、爱生活"，以行为习惯养成为抓手，根据不同年级学生的特点，制定了不同的培养内容。六年级以"激发兴趣"的习惯为重点；七年级以"参与管理"的习惯为重点；八年级以"善于沟通"的习惯为重点；九年级以"合作求知"的习惯为重点。从常规管理、教师引领、特色活动以及家校合力几个方面着手实施和研究。

一、在常规管理中贯穿养成教育

没有规矩不成方圆，良好行为习惯的养成并不是靠几次教育、几个活动就能完成的，需要长期的、严格的、持之以恒的规范训练才能形成。

开展养成教育首先要从常规习惯抓起，我们将重点训练学生从进校门的礼仪、上下楼梯、自觉早读、出操集会、课间行为、课桌椅摆放、卫生保洁到中午用餐排队等一日在校常规,对学生在校的行为作统一要求,并拍摄成《启良中学学校一日生活常规》录像片。这种取材于学生之中的常规录像片,具有极强的亲切感和真实感,可以使学生在视觉上受到强烈的冲击。要利用晨会和班会课等时段反复播放,对学生加强正面教育,充分发挥榜样的作用,让学生产生"我要这样做"的想法。

积极开展习惯培养的主题班会。将学生好习惯养成课程分为五篇,分别是学习习惯养成篇、文明习惯养成篇、健康生活习惯养成篇、卫生习惯养成篇和安全习惯养成篇。每一节课一个好习惯,通过"小故事大道理""知识小金库"和"我当小裁判"等教育环节系统呈现。通过班队会、思品课组织全体学生学习,引导学生在不知不觉中明理、践行和反思,并指引孩子们不断前行。

组建"红领巾示范岗"。针对课间吵闹、奔跑等不良现象,我们采取自愿报名、班级筛选、长期培训的建队机制,创建一支高素质的"红领巾示范岗"队伍,充分发挥同伴的引领示范作用,纠正小干部的权威管理,改变值日生抓人扣分的模式,增强学生自身的光荣感和服务意识,并逐渐实现课间无碰撞事故,扭转吵闹、狂奔乱跑等不良现象,为创建安全文明大课间发挥积极有效的作用。

布置学生在家做"家务作业"。让学生把孝敬长辈的行动、感受记录下来,请家长和老师评价,并在班上交流,这是养成教育的延伸,以便形成家校互动,培养学生在家孝敬父母长辈、学做力所能及的家务的好习惯。

定期举行"啄木鸟行动"。学校加大对学生日常行为规范的监查力度,重点关注学生课间文明好习惯的养成,整治课间违规行为,防治不良习惯,创建文明大课间。"啄木鸟"行动以两种途径实施:一是在各个班级的学生中开展啄木鸟行动,让学生相互监督、纠正不良习惯;二是通过"红领巾监督岗"排查的形式查处违规同学,在反复监督检查之下,降低不良行为的发生率。

二、在教师引领中促进养成教育

养成教育不是动听的言辞,而是切实的行动。俗话说"磨刀不误砍柴工",提前两分钟进课室,教师可以提示学生摆一摆、捡一捡;可以检查教学设备,了解学生的学习起点；也可以稳定师生情绪、联络师生感情和减少课间偶发事件，完成教学前的一切准备工作。有了充分的教学准备，少了维持秩序的步骤，课堂必定更有效率，学习效果必定更好。落实教师提前两分钟进课室，做到良好的课前规范，将为学生学习习惯的养成奠定良好的基础。

我们不断优化教师的教育教学行为，进一步规范管理，比如早上师生见面互相问好、老师上下楼梯带头靠右走、下课决不"拖堂"、每天反思一下自己、控制好自己的情绪。只有老师自身时时事事带好头、示范好，以自己巨大的人格魅力来感染学生，激发学生心灵的共鸣，养成教育才会收到事半功倍的效果。

三、在特色活动中强化养成教育

我们分时段开展礼仪操、演讲比赛、人物评选等特色活动，把养成教育有机渗透到学校特色活动之中，通过开展系列活动巩固养成教育成效，以活动促发展。

开展"养成教育在身边"演讲比赛，充分展示学校养成教育的成果，在比赛中学习、在比赛中锻炼和提高；年级开展"养成教育在身边"读书演讲活动，引导学生通过讲述哲理故事，阐述习惯对人生的巨大影响力，通过结合生活实际、名人事例论证良好习惯对人生成功的重要意义。

开展21天好习惯打卡活动，各班根据班级情况自主设定本月的好习惯目标，以网络平台、自律表等形式作为辅助依据帮助学生养成一个好习惯。

开展"文明礼仪之星"评选活动，弘扬校园和谐文化，体现我校学生积极向上、拼搏进取的时代风采，树立学子的典范，我们将精心策划"文明礼仪之星"评选。

四、在家校合力中夯实养成教育

我们通过家长学校、家校沙龙、家长会、家访等方式，加强与学生家长的沟通和联系，让他们认识到学校开展学生文明行为习惯养成教育的重要性，明确每一阶段的工作重点，争取得到他们的支持与配合。通过和学生家长的沟通与联系，了解不同家庭背景下的学生不同的行为习惯基础,增强养成教育的针对性和实效性。

我们进一步办好家长学校,发挥家长对学生行为的指导和监督作用。普及家庭教育知识,形成家教共识,帮助家长树立正确的家庭教育观念,掌握科学的家庭教育方法,提高科学教育子女的能力。要利用家庭教育典型,邀请优秀家长到校做养成教育经验交流,并且定期召开家长座谈会和家长委员会,做好与家长的沟通和联系,教师、家长要相互反馈学生学习、生活和品德情况,及时教育和引导。

第二节　建设少先队组织实现自我管理

少先队是学生参与自我管理的组织。为了更好地让学生参与自我管理工作,我们制定少先队大队部工作制度,明确少先队大队部工作职责、少先队主要职能以及少先队大队委工作职责。

一、队章规定

少先队大队部是少先队员之家,学校对队干部的选举、轮换、例会等活动作出规定,以此促进活动组织的公平、规范和安全。

队章规定每半年至一年改选一次队委会和队长。这是发扬民主精神,进行当家做主教育的一种制度。每个队干部有一定的任职期,期满无特殊情况不再连任。这种制度能够让更多的少先队员有机会参加队的组织管理,从而得到锻炼。

各中小队应根据实际执行此项制度,第一学期可早于大队委员会选举之前进行。只要有中队集体的存在,就必须有队干部。一般每周或隔周进行一次。主要内容是汇报、研究和布置工作。

大(中)队例会可由委员轮流组织,做好会议记录,并负责向辅导员汇报。培训少先队干部,让他们熟悉和掌握自己的工作职责、方法和技能技巧,这是提高少先队工作水平的必要手段。大队辅导员培训大队委干部及中队辅导员，大队委干部及中队辅导员培训中队委干部，中队委培训小队长。培训的方法有举办队长学校、听课、实际操作、现场观摩等。

队章规定少先队组织应当经常在广播、队报、光荣簿上表扬好人好事，在六一儿童节等纪念日，集中表扬优秀少先队员、优秀队干部、优秀少先队集体。

少先队的活动一般要求大队活动每学期举行一次至二次；中队活动每月一次；小队活动每周一次。每次活动的时间不宜过长，内容不要繁杂，要注意年龄特点。

小队生活会制度是队员交流思想、增进友谊的好形式。生活会可以在队活动时间或课余时间进行。队章规定年满14周岁的队员在组织上要离开少先队。超龄队员的离队，由大队举行离队仪式，办理离队手续。

阵地是少先队开展工作的重要基础，利用阵地（小家务）对队员开展经常性的教育和工作，让他们在管理中学会必要本领。这些固定的、不可缺少的活动阵地会使队员们实实在在地感受到少先队组织的存在，丰富少先队的活动内容，满足队员的各种兴趣、要求，培养他们的组织观念及对组织的责任感。

二、工作职责

（一）大队部工作职责

在制度的规范下，我们又对少先队大队部工作职责进行了明确的规定。大队部的工作内容分为以下几个方面。

首先是负责学校德育以及少先队的思想建设和组织建设工作。根据学校工作计划，遵循少年儿童工作的规律，每学期制定学校少先队工作计划并组织实施，在期末认真做好工作总结；组织开展少先队德育主题活动，督促、检查各中队按计划开展活动，定期召开少先队代表大会，总结队的工作。

其次是运用少先队的特有组织形式和教育手段，主动向教师、家长和社会宣传少先队的性质、任务和作用，同他们密切合作，共同搞好少先队工作，坚持向一切危害少年儿童身心健康的不良现象作斗争；搞好少先队基础建设，建立健全红领巾监督岗、红领巾广播站、安全宣传教育及测试、少先队展览橱窗、国旗下的讲话等活动阵地,充分发挥其教育作用,有效开展少先队的宣传教育活动;定期召集中队辅导员开会,听取汇报,布置任务,交流经验并指导工作方法;组织培训校值日生,管理校园一日常规,开展检查评比;严格升降旗制度。

最后是积极开展校外教育活动。适时召开家长会,联络校外辅导员,建立健全学校、社会、家庭三结合的教育网络。培养少先队的积极分子。要教给他们工作方法,要加强他们的基本知识和技能训练,要照顾他们的兴趣特长。努力学习少先队工作的理论,帮助各中队总结经验,推广交流,促进辅导员提高少先队工作水平。做好少先队资料的收集整理和归档工作。向学校领导反映少先队员的意见和要求,对学校工作提出合理化建议。

(二)不同职能的工作职责

根据工作职责的不同,少先队分了不同的职能等级,其中大队委工作分为了几个方面。

首先是大队长。大队长需要召集并主持大队委员会、中队长联席会,研究、讨论、布置工作,交流工作经验;根据大队委员会讨论的意见,制定出大队工作计划;主持大队活动,召开全体队员大会;检查队委会决议的执行情况,帮助并检查各委员(各职能部)及各中小队的工作。

其次是副大队长。副大队长协助、配合大队长开展工作;负责整理、保管大队委员会的文件和资料;负责值日中队工作。

再次是大队旗手。在大队集会时负责出旗和退旗,在大队列队进行时,负责执旗;主持少先队升国旗仪式;主管大队"光荣册""少先队荣誉室"和"队室";保管队旗,管理各中队领用与归还队旗的工作;负责训练中队旗手和护旗队员,与文娱委员配合,负责鼓号队的组织培训工作。

最后还有大队组织委员、学习委员、宣传委员、文艺委员、体育委员、劳动委员、纪律委员在专门的领域负责少先队的各项活动。

大队组织委员负责学习队章的工作,在全体队员中普及少先队基本知识;接转队员的组织关系,管理队员登记表,填写少先队组织情况统计表,按时上报;对中队、小队的集体和队员进行奖励与处分；保管大队"光荣册"，记好队的"工作日记"。

大队学习委员负责组织大队的科技和各种知识性竞赛活动；领导学校科技、知识、兴趣小组的工作；关心和了解各中队学习情况，帮助各中队围绕学习，组织开展活动；组织各中队学习委员观摩学习，交流经验；负责红领巾读书读报活动，管理大队图书、报刊，负责向大队推荐好书和报刊，做好订阅报刊的工作。

大队宣传委员组织、管理大队广播与黑板报等小组，按时广播和出板报；负责队室、橱窗等宣传阵地的布置工作；培训中队宣传积极分子，组织"小记者团"检查、督促各中队宣传工作的开展；负责宣传国内外大事，宣传少先队中的好人好事等。

大队文艺委员组织大队的文化娱乐活动；向各中队推荐介绍好的歌曲、舞蹈等；培训文娱骨干，组织文艺小组和红领巾合唱团活动；与旗手配合，组织培训鼓号队，负责保管鼓号和文娱用品；协助学校组织好节日庆祝和文艺汇演、歌咏比赛等活动。

大队体育委员组织队的体育游戏和体育活动；发动队员参加体育锻炼；组织体育兴趣小组和各种球队活动；协助年级组老师开展体育活动；协助学校开好各种形式的运动会和体育竞赛活动。

大队劳动委员负责大队社会公益活动的具体组织工作；负责宣传和推动美化校园的工作，组织队员进行自我服务等实践活动；管理大队的卫生工作，负责各中队的卫生检查评比。

大队纪律委员负责管理大队值日队员；负责在每周队干例会上总结全校队员行为规范情况；负责各种大型集会、外出活动队员的安全、纪律监督及考核；组织评选每周的"流动红旗"。

他们在大队长的带领下各司其职，管理学生活动中的各项事务。

三、少先队管理规定

我们还对如何管理少先队作了规定。学校少先队是中国少年先锋队在学校中开展工作和活动的基层组织。学校要对少先队的任务和学校团组织的指示精神进行专业的安排与指导，制定并实施学校少先队工作计划，安排学校少先队大队活动。审批各中队的工作计划,指导各中队开展活动。

一方面,要抓好少先队的思想建设和组织建设。运用少先队特有的组织形式和教育手段,对少先队员进行社会主义道德品质教育和共产主义远大理想教育。教育少先队员听从党的教导,好好学习,天天向上,做共产主义事业的接班人。要协助校长聘请中队辅导员,定期召开大中队辅导员会议,组织辅导员学习少先队业务、交流工作经验,做好岗位培训工作,指导各中队开展活动。做好少先队的发展、编队、选举、奖励、处分等工作。建设好少先队骨干队伍,培养、训练少先队大队、中队干部,锻炼他们独立活动的能力。定期召开少先队代表大会,总结少先队的工作。

另一方面,要搞好节假日的少先队活动,协助教导处、团支部组织开展社区教育活动,组织队员参加课外活动和学习英雄模范等活动,在活动中提高队员觉悟,增长才干。建立健全少先队部的"小家务"。布置好队室,训练好鼓号队,建设好宣传阵地,做好宣传报道工作,每月出一次宣传板报,每周组织一次红领巾小广播,做到组织落实、内容丰富、形式多样、效果良好。做好校内外有关评比工作,做好少先队资料的积累工作,不断充实队史。定期向党支部、校行政部门反映少先队员的意见和要求,及时对学校工作提出合理化的建议。加强少先队工作的研究,探索少先队工作的规律。

四、少先队代表大会

我校按时开展少先队代表大会。少先队代表大会是以队员代表为主体的会议,它有商讨、决定学校相关事务,选举产生大队委员的权力。为鼓励队员对社会、学校、家庭等提出意见、建议,比较集中的问题由代表整理成提案。

这些提案的内容涉及学生在学校生活的方方面面:有的是关于提高队员文明、安全意识的提案,有的是关于设施设备、环境的提案,有的是关于丰富学生社会实践活动的提案,有的是关于教育教学课程的提案,有的是关于增强学生民族自豪感、责任感的提案,有的是关于改善校门口放学秩序混乱的提案,有的是关于学习图书馆借阅时间调整的提案,还有的是关于开设自由穿着日的提案。这些提案表现出启良中学的学生具有较高的自我管理意识。

在不同的提案中,可以看到分条列举出来的相关现象以及提出的解决方法。内容清晰有条理,体现出了这些提案的真实性和逻辑性。学校也对每一个提案做出了回复,体现出这种交流方式的重要性。

比如在关于提高队员文明、安全意识的提案中,列举了"新学期,校园优美,设施设备都会更新,但是没过多久总会遭到破坏的情况。甚至有的队员因没带水杯而直接用嘴对着饮水机喝,破坏了设施的卫生","吃饭排队不守纪律,冲进食堂、插队、打闹等现象每天都在发生",以及"课间追逐打闹;食堂门口、通道处有时会有停车现象,阻碍安全通道;金鱼池周围经常有学生探身玩水"三个现象。根据这三个现象,提出了建议解决方法:中队辅导员加强教育,队员之间相互监督,必要时可以加以惩罚;教育学生学会礼让,加强巡查检查力度;检查的队员可以从十字路口换到食堂门口,起到限流和监督作用;备足套餐,这样高年级的学生不会着急"抢"饭吃;在学生中征集宣传小报、警示标志,张贴在显眼处;各中队的队员和辅导员加强学生自我管理;关于食堂吃饭问题,行政值班会加强监督,并做好每天的记录;关于教师停车,安全保障处会监督教师停车问题,也请队员们在发现安全隐患之处时及时向安全保障处报告。

五、"明强少年"的良好品德

中学生正处在人生起步阶段,这个阶段是养成良好品德的关键时期。我们注重通过活动促进学生良好学习习惯的养成,建设自强自主、积极进取、勇于创新、勤奋好学、健康向上的精神风貌。在六年级新中队成立暨换戴大红领巾仪式中,我们提出了四个方面,希望学生从这四点做起,成为一个"明强少年"。

首先要志存高远,勤于学习。"百学先立志",换上大红领巾,意味着告别了童年,进入了少年时代,对自己未来的梦想更加明确、更加坚定,实现梦想的能力也越来越强。希望队员们努力勤奋,每天进步一点点、成长一点点,每天实现一个小小目标,积小步,可以至千里,可以不断接近我们的梦想。

其次要遵纪守法,诚实守信。一所真正美丽的校园,是由人的言行举止构建的。要牢记社会主义核心价值观准则,从自身做起,从小事做起,养成良好的行为习惯,人人争做文明向上的好少年。

再次要尊师爱校,学会感恩。一个中队是否优秀,一个很重要的检验方法是人与人的关系是否友善和谐。中队要有互帮互助、团结友爱的精神,同时要主动维护学校、中队的利益。要学会对家人负责、对自己负责、对学校负责、对社会负责,做一个品德优良的好少年。

最后要锻炼身体,积极参加活动。要积极参加学校的体育运动,以乐观向上的态度对待学习与生活,绝不向困难低头,以强健的身体和积极进取的精神状态迎接未来的挑战。

第三节 家校协同育人构建健康成长环境

《中小学德育工作指南》强调,要努力形成全员育人、全程育人、全方位育人的德育工作格局,充分发挥协同育人作用,"积极争取家庭、社会共同参与和支持学校德育工作,引导家长注重家庭、注重家教、注重家风,营造积极向上的良好社会氛围"。要加强家庭教育指导。建立健全家庭教育工作机制,丰富学校指导服务内容,促进家长了解学校办学理念、教育教学改进措施,帮助家长提高家教水平。

以育人为核心课程的顶层设计,为学校德育工作明确了方向与途径,也明确了家校合作的基本融合点:家校共同实现育人目标。基于此,我校着力完善家庭教育指导顶层设计,积极开展"家庭教育工作坊"重点项目研究,加强家庭教育指导队伍建设,优化家校合作机制,架构家校之间的"连心桥",努力营造有利于学生身心健康的育人环境。

一、完善顶层设计,绘制"同心圆"

社会的发展,对人才的培养提出了更高的要求,学校需要确立新型培养模式,充分利用各方面的力量,形成教育合力,构建学校、家庭、社会三位一体的人才教育网络。

苏霍姆林斯基曾说过:"没有家庭教育的学校教育和没有学校教育的家庭教育,都不可能完成培养人这一极其细致而复杂的任务。"作为嘉定城区的一所公办初中,面对家长在家庭教育方面的缺失,学校引导家长研究家教方法,更新教育理念,树立正确的家庭教育意识,认识到家校合作的重要性,让素质教育在家庭中得到较好的落实,以此促进学生健康全面成长,促进"明强学子"培养目标的有效达成。

我们融合了"明强"校训和幸福课程理念,提出培养具有幸福能力的"明强学子"的目标,并在实践中不断丰富其内涵(见表5-1)。

表5-1 启良中学"明强"培养目标及内涵

培养目标	内涵
明责自治有良知 (品德和社会化行为指数)	学生能够明确自己的职责,具有社会角色意识,树立规则意识,实施有序的自我管理、自我规划,加强自律,正确处理各类社会关系,使思想和行为能适应社会发展的整体要求,达到自我教育、自主发展
明学自创会学习 (学业水平、学习动力、学业负担、压力指数)	学生能够明确学习的价值与目的,掌握良好的学习方法,善于独立思考,具有创新思维,成为善学、乐学、巧学和具有创新能力的启良学子
明德自信爱生活 (身心健康指数)	学生能树立正确的价值观,自主自觉规划生涯,进行自我调适,形成积极健康的生理、心理品质,为终身幸福奠定基础

我校各项工作都以实现"明强"育人目标为核心,在家庭教育指导方面,学校依据"明强"育人目标,确定分年级重点指导内容(见表5-2)。

表5-2 基于"明强"目标的家庭教育指导课程分年级重点内容

年级	重点内容		
	明责自治有良知	明学自创会学习	明德自信爱生活
六年级	帮助孩子适应中学生活	关注孩子的习惯培养	帮助孩子建立自信
七年级	树立孩子的规则意识	建立孩子的目标意识	呵护孩子的心理健康

续表

年级	重点内容		
	明责自治有良知	明学自创会学习	明德自信爱生活
八年级	培养孩子的责任感	培养孩子的积极心态	教会孩子如何与人交往
九年级	学会陪伴和鼓励	帮孩子找到正确的定位	和孩子一起规划未来

围绕家庭教育指导分年级重点内容,我们开展课程研发,着力构建符合学校实际、家长实情的家庭教育指导课程(见表5-3)。课程旨在引导家长树立正确的家庭教育意识,努力让每一个家长都成为学校的同路人。

表5-3 "明强"家庭教育指导课程设置

课程类别	主要形式	课程目标
一对一微课	家访、面谈、家教咨询、家教心理热线	解决家庭教育中的个性化问题
团组辅导课程	家长沙龙、经验分享会、小组辅导、班级和年级家长会、分层家长会	解决家庭教育中的普遍性问题
谈话式课程	报告会、座谈会、家长沙龙、家庭教育工作坊	传播科学的家庭教育理念
体验式课程	观课评课、参与学校活动、亲子活动、志愿服务、家长观察员进校园	让家长在参与、体验的过程中,增进对学校的情感认同

在课程实施过程中,我们建立了"大课程"和"小课程"概念。

"大课程"是指把家校协作的所有活动都纳入家庭教育指导课程中,让家长在具体的活动体验中,掌握家庭教育的直接知识。如我们在全校各年级逐步推行的家长观察员进校园体验式课程,邀请家长来校进行全天跟岗体验,目的就是要让家长在参与、体验的过程中,转变教育理念、改进教育方式方法;同时增进家长对学校的情感认同,进一步凝聚家校育人合力。

"小课程"的概念是指根据不同的学生、不同类型的家长,有针对性地分班授课、分层授课。学校推行"分班、分层"的家长学校授课新模式,就是为了满足家长不同层次的需求,既有按部就班的知识讲座,又有互动性的经验交流,引导家长走出家庭教育的误区。

二、开展项目研究,聚焦"突破点"

2018年,我校被确立为上海市百所公办初中"强校工程"实验校。为有效落实学校"强校工程"三年规划,我校全面推行项目工作制,2019年重点支持在德育、课程与教学、信息化建设等领域中的项目研究。我校发布《"强校工程"校本项目申报指南》,指导全体教职工参与重点项目研究。

家庭教育指导项目围绕基于"明强"目标的家庭教育指导课程分年级重点内容,完善家庭教育指导课程设计,研发构建"明强"家庭教育指导课程群。重点开展家庭教育指导分层内容设计和实践。与此同时,在班主任工作室的建设中,把家校协同育人作为学生行为习惯培养的一项重要研究内容。以《教育部关于加强家庭教育工作的指导意见》和《上海市0—18岁家庭教育指导内容大纲》为指导,进一步优化家庭教育指导内容设计,并落实到实践中。

三、加强队伍建设,提升"指导力"

为了做好家庭教育指导工作,我校建立了由专家团体领衔、骨干队伍支撑、全体教师参与的家庭教育指导队伍。围绕"家校协同,共育良材"这一主题开展了系列培训和研讨活动。

校内培训,注重实效。一是班主任集体培训。校长、分管校长、德育主任、班主任工作室主持人、骨干班主任纷纷现身说法,从实施家校协同育人的意义、如何建立家校合作机制、班主任进行家校互动的方法等方面展开指导。二是年级组分层研讨。结合家庭教育指导分年级重点内容,以年级组为单位,开展班主任分层研讨活动。各年级班主任针对不同年级学生所表现出的不同问题,对于如何进行家庭教育指导进行经验分享与讨论。

专家指导，理论提升。一是面向全体教师开展家庭教育指导方法和技能的培训。把家庭教育内容融入校本培训中，每年暑期聘请市级专家进行全员培训，引导教师不断学习家庭教育新理论，了解新信息、掌握新知识。二是开展青年班主任"家班共育"案例撰写培训与评比。聚焦家班共育主题，对青年班主任进行案例撰写培训，并开展案例征集评比。对于评出的优秀案例，要在班主任集体培训中及时进行经验分享。三是邀请专家指导家庭教育工作坊主题教研。各年级班主任首先学习了解家庭教育指导分年级重点内容，再通过集体研讨确定不同年级的工作坊主题以及内容。我们还邀请区教育学院德研部专家多次来校，指导开展主题教研活动。

幸福论坛，经验分享。围绕"三业四有"（三业：敬业、乐业、专业；四有：心中有责、眼中有爱、手中有尺、脚下有路）建设目标，建设班主任研修共同体，提升我校家庭教育指导水平；组织开展班主任"幸福论坛"。邀请主持家庭教育工作坊的班主任分别开展经验交流，分享工作经验，全体班主任交流心得体会，从而引发全体班主任对于家庭教育指导理念和方法的思考。

我们通过家长问卷、学生访谈等途径，准确聚焦家庭教育的现状存在的问题，组织班主任开展集体教研，分别推出了"手机，我们该拿你怎么办？""牵手or放手""每个孩子都有自己的金矿"等家庭教育工作坊体验课程，引导家长正确看待发生在孩子身上的成长问题，并通过同伴互助、专家引领的方式解决家长的疑难问题，家校合作，共助孩子健康幸福成长。案例如下。

案例一：手机，我们该拿你怎么办？（活动内容）

六年级开学之初，班主任对班级的学生进行了一个普访。在家访的过程中，班主任发现因手机问题，家长和孩子之间产生过很多分歧，甚至引发了家庭矛盾。对于手机问题，家长束手无策。基于这个背景，我们找了部分家长，聚集在一起，交流一下手机给自己和孩子造成的困扰，希望集思广益，最后摸索出一些行之有效的策略。

活动的目的是帮助家长处理好和孩子之间关于手机的矛盾，了解初中学生关于使用手机的心理，引导家长帮助孩子合理使用手机。

在活动中，家长围绕孩子使用手机的话题充分发表看法，了解了初中生使用手机的心理，从而学会如何帮助孩子正确使用手机，处理好和孩子之间因为手机引发的矛盾。

案例二：牵手 or 放手（活动内容）

孩子降临到家庭中，最先接触到的是父母。父母是孩子最亲近的人，家庭是孩子最早接触到教育的地方。现在许多孩子不能自立，其责任更多在于父母，因为孩子的独立性，完全取决于父母对他从小的培养。不独立的孩子无法面对社会的纷繁芜杂，无法在竞争激烈的社会中生存。"陪读"，对许多家长来说，早就不再是一个陌生的字眼。为了让孩子考上好的中学、大学，由中小学生的父母组成的"陪读大军"已成了一个不可忽视的社会群体。不少父母每天的生活重心就是照顾孩子，他们唯一的心愿就是把孩子培养成才。

活动的目的是让家长认识到培养孩子独立性的重要性，明白孩子为什么缺乏独立性，学会怎样培养孩子的独立性。

在活动中，通过讨论、分享等互动环节，家长明白了独立自主对于孩子的重要性，学会了要根据自己孩子的实际情况智慧陪伴、智慧放手。

案例三：每个孩子都有自己的金矿（活动内容）

在日常生活当中，随处可听见父母对孩子的批评、指责，也常常能听见家长提起"别人家的孩子"，但却很少听到父母对自己孩子的赞扬。这不是因为孩子身上缺点多，优点少，而是父母总习惯于发现孩子的缺点，并且放大孩子的这些缺点，从而忽略了孩子身上的优点。为了在家庭教育中帮助孩子树立自信、全面发展，家长需要学做一个有耐心、有爱心、有恒心的"挖矿人"，更多关注自己孩子的闪光点，挖掘孩子身上蕴藏的"金矿"。

活动的目的是打破家长事事与其他孩子比较的习惯，让家长更多关注自己孩子的潜力与闪光点，并在家庭教育中帮助孩子树立自信，全面发展、健康成长。

活动以亲子互动形式开展，指导家长读懂孩子内心，以客观的视角正确对待孩子成长过程中的差异，用积极的态度成为孩子发展的见证者和陪伴者。

四、优化合作机制，架起"连心桥"

我校加强家长委员会建设，架构家校之间的"连心桥"，使学校教育和家庭教育达到"同步"、教师和家长教育达到"同心"、学校和社区教育达到"合力"。

健全家委会工作网络——扩容。为了更好地了解家长的需求，我们对家委会进行扩容，将校级家委会成员由原先的11人增加至30人，保证每个班级至少有1位家长成为校级家委会成员。三级家委会成员总数也大幅增加，具有更广泛的代表性，三级家委会分别在家校工作负责人、年级组长、班主任的协调下开展工作。我们建立家委会工作群，使沟通更加及时、更加便捷。

完善家委会工作制度——标准。我们有家委会落实例会制度、对口联系制度、驻校办公制度、家长义工制度，组织家委会成员及家长代表完善家委会章程、家长评议制度、家长志愿者工作制度，切实履行家委会的各项职责，让家长明确工作标准和要求，促进学校教育教学工作的改进。

明确家委会职责分工——合作。在家委会主任的领导下，各家委会成员分别与校长室、教导处、德育处、总务处等部门保持联络，定期到各部门了解情况。他们积极听取学生家长的意见和建议，帮助学校发现不足并积极整改，同时及时地向家长解疑答难，不失时机地解除学生及家长对学校的一些误解，很好地促进了家校的互通互谅。

加强家委会成员培训——有效。开学初，邀请区家委会主任做培训，让家委会成员明白自己承担家委会工作不只是挂个名，而是要积极主动地参与到学校工作中，特别是关系到学生利益的大事，家委会更是要主动参与进来，以此提升家委会成员的工作能力。

第六章
教师素养提升助推教学质量升级

第一节　师德建设淬炼教师的高尚品格

习近平总书记提出"四有"好教师是有理想信念、有道德情操、有扎实学识、有仁爱之心的老师,"四个引路人"是做学生锤炼品格的引路人,做学生学习知识的引路人,做学生创新思维的引路人,做学生奉献祖国的引路人。根据习近平总书记的要求,我校立足实际,通过师德建设提升教师的道德素养与高尚品格。

一、坚持立德树人的思想观念

"学高为师,身正为范。"我校全体教师准确把握教师队伍建设的时代要求,深刻理解"教育是国之大计、党之大计"的基本定位,自觉担当"教师是引路人"的使命任务,始终坚持"人才培养五育并举"的价值取向。坚守"为党育人、为国育才"使命,争当有理想信念、有道德情操、有扎实学识、有仁爱之心的好老师,争做学生锤炼品格、学习知识、创新思维、奉献祖国的引路人。

坚持科学全面的教育质量观,把"培养什么人"的问题想得更清楚,把"怎样培养人"的思路理得更清晰,全面分析和准确把握提升教育质量的核心要素与关联因素,补短板、拉长板,真正做到心中有道、手中有术。

全面推进习近平新时代中国特色社会主义思想和马克思主义理论进校园、进课堂、进头脑,根据初中生的特点,有针对性地讲好思想政治理论课,加强党史、新中国史、改革开放史、社会主义发展史教育,引导学生热爱和拥护中国共产党,立志听党话、跟党走,引导学生增强中国特色社会主义道路自信、理论自信、制度自信、文化自信,树立正确的世界观、人生观、价值观。

　　坚持以文化人,润物无声。文化认同是最深层次的认同。要大力培育和践行社会主义核心价值观,引导学生增强社会公德、家庭美德、个人品德意识,不断加强品德修养,自觉践行民族精神和时代精神。要加强中华优秀传统文化教育,用"自强不息、厚德载物""敏而好学、不耻下问""修身、齐家、治国、平天下"等精神财富浸润学生的心灵、塑造学生的品格。要加强感恩教育,引导学生倍加珍惜当前的幸福生活,自觉感恩党、感恩国家、感恩社会、感恩父母、感恩老师,用实际行动回报社会。

　　要广泛组织开展社会实践活动,让学生们熟悉家乡的历史文化、名人故事、风土人情,到博物馆、文化馆、产业基地、项目现场、企业车间实地感受嘉定改革发展的巨大变化,充分激发热爱家乡、建设家乡的自豪感与责任感。

二、树立健康第一的教育理念

　　教师树立"健康第一"的教育理念,开齐开足体育课。"文明其精神,野蛮其体魄",让学生在体育锻炼中强健身体、享受乐趣、健全人格,要把劳动教育融入学生日常教育和生活中,用好校内、校外两种资源,引导和组织学生积极参加力所能及的劳动,从小养成辛勤劳动的好习惯。

　　要注重学生心理健康,在加强正面教育、疏导的同时,适当开展挫折教育,培养学生勇于奋斗的精神状态、百折不挠的坚韧毅力、乐观向上的人生态度。

三、明确新时代教师的担当作为

　　教师要借势发力,锐意进取,在推进"强校工程"改革实践中体现新时代启良教师的担当作为。我校对接"强校工程"和中考改革,推出"强校工程"项目,用团队项目工作制的方式推进教改。让全体教师积极申报项目,都投入到教育教学改革的热潮中。我们还着力推进"强师计划",建立教研员实训基地,实施青年教师 VIP 成长计划和"品质班主任"培养计划,以团队项目制方式推进教改项目,开设"幸福教师论坛",达成了推进"强校工程"的理念和行动共识,促进了教师队伍的共同发展。据统计,我校现在有1名市双名工程攻关计划基地主持人;2名市双名工程攻关计划培养对象;15名市双名工程种子计划成员;8名区骨干教师、学科新星;5名校工作室主持人;12名校骨干、学科新星。相信这支占比很高的优秀教师队伍能够带动学校教师队伍专业化发展水平的整体提高。

我校有21位教工已参加教育工作超过了30年,其中有3位教师的教龄超过了36年。30多年来大家坚守岗位,兢兢业业,紧跟教育改革步伐,默默付出。面对学生的需求,从未放松作为教师的要求。他们的精神,给青年教师树立了榜样。

在这样一所有着深厚底蕴又具有影响力的百年老校工作的启良教师,在感到荣幸的同时也要承受着各方的关注与压力。但无论遇到怎样的困难,启良教师们都会一直竭尽全力提升教育质量,办老百姓满意的教育。

第二节 教研组建设搭建教师学习平台

教研组建设,是教师专业发展、学校内涵建设不可或缺的一环,建设一支高素质、专业化、创新型的教师队伍,是教研组在新时代背景下的存在意义与使命。学校只有将教学管理重心下移,充分发挥教研组作用,才能有效推进各项教育教学改革,有效提高教育教学质量。

一、教研队伍提升教学质量

我校开展以"核心素养引领下的教学诊断与对策"为主题的教研组学科论坛活动,以此打造启良"成长课堂",顺利对接"强校工程"。我们的七位教研组长分享了新学期的工作思路和思考,从计划总结、听课评课、教学实绩、学科资源建设等方面进一步规范了教学教研制度,对教研组、备课组提出了更高的要求。

语文教研组立足教材,引导学生加强语言表达,充分利用好教材进而向课外阅读延伸,夯实基础与培养能力并重,实现习作教学生活化,加强学习习惯的培养,以课堂为主阵地,抓好课堂教学,提高40分钟课堂的效率与质量。数学教研组结合学科特点,精准聚焦数据,用课例研究的模式开展教学活动,并将"微课宝"引进课堂教学,促进数学教学的信息化,提升学生的数学素养。英语教研组以落实单元教学设计的要求,落实"教考一致"的终结性评价指南的要求,促进组内教师的专业发展为教研目标,落实"基于学科核心素养的单元教学设计研究"主题,提升学生的英语核心素养。综合理科教研组以实验为基础,以"激活思维的课堂学习活动设计"为教研主题,研究学生学习思维能力的特点及表现,研究课堂中的学生思维,思考在课堂上激活思维的活动设计,从而提升学生的思维能力。综合文科组根据中考新要求分学科进行诊断定位。历史和思品学科着重于结合课程标准和学科要求制定与修改新中考中平时成绩的评价标准,用统一的标准来衡量学生的日常学习,规范日常教学。地理学科主要培养学生的跨学科综合分析能力,加强学生辅导,提高学生综合能力。体育教研组从九年级体育中考、体质健康测试、学生获奖情况、体育多样化几个方面详细分析了自身存在的优势和劣势,本学期通过教研确定组内成员的明强体育读本编写内容,发挥每个成员的长处,形成小组化合作,最终设计出符合学校"强校工程"成长课堂的精品读本,提高学生的综合能力。艺术教研组分年级分析了学生的特点,结合全区以及学校的活动安排,确定了以"把握教学基本要求,丰富学生学习经历,培养学科核心素养"为主题的8次教研活动,希望与全校师生携手并进,再创辉煌。

(一) 规范教研制度管理

在教研组建设的过程中,我们通过设计规范的制度管理,来保障教研活动的顺利进行。

校长为校本教研第一责任人,副校长具体抓过程管理,教研组长负责各个备课组的教研活动,此外,学校还有教师发展规划、青年教师培养措施以及新教师培养计划。

我们建立健全了有关教研工作的各项规章制度,如《教学常规考核办法》《随堂课考核制度》《关于教师外出学习、培训的管理制度》等,使教研工作的顺利开展有章可循,得到了制度上的保证。

教研组规定教研组每学期必须有 8 次教研活动,做到定主题、定主讲人活动,备课组每周必须活动一次,平时有教学研讨随时活动;另外还要求每位教师每学期必须要上 1 至 2 节教研课,每位老师听课次数达 15 节以上;在开展开放型的教研活动中,组织教师相互听课、评课,骨干教师的课堂大门随时为大家敞开。"自主、合作、探究"成为语文组教研活动的主旋律,这种全新的教研活动制度的建立,构建了一种新的校园文化,为教学管理者与教师搭建了平等对话、交流的平台。

(二) 管理教学常规工作

教研组通过管理教学常规,来促进师生良好素养的形成。

教师坚持每月进行一次教案、作业批改、学困生辅导等方面教学常规的全面检查;坚持抓好听课,我们要求每位教师每学期听课都要达到 15 节以上,并要有详细的评课;坚持写好教学反思,35 岁以下的青年教师每堂课后都要写至少 200 字的教学反思。一般教师每月必须有一篇反思,同时加强个人备课及集体备课力度;坚持进行期末检测质量分析,进行网上阅卷,用科学的手段提高学生的语文能力,从而达到提高学生学习成绩的成效。

(三) 组织课例与项目研究

教研组以新课程实施下的校本研训为载体,以课题案例研究为突破口,全面落实新课程标准,以课堂教学和教学研究活动为主阵地,提高课堂教学效能。

近几年来,在青浦教研员的引导下,我校语文教研组以区级课题"教研团队语文主题课例的研究范式"为载体,扎扎实实地开展主题课例研究。现在区级课题虽然已经结题,但主题课例研究已经成为语文教研组的一个重要研究方式和一种范式。从前段时间的"散文教学中主问题的研究"到现在的"生成于预习作业的课堂教学研究",只是课例研究的外延在扩大,形式已经成为一种固定的研究模式。据统计,我校老师共有四十余次在各类论文比赛中获奖,在各类杂志、报纸上刊登作品。

二、教研活动促进交流共通

我校通过举行以"核心素养引领下的教学诊断与对策"为主题的教研组长论坛活动来完善"成长课堂"提升项目,推动教研组工作的开展,使教研真正为教学服务,促进我校教学质量的提升。

"成长课堂",是指教师以帮助学生成长为宗旨而开展的课堂教学,而学生的全面成长来自教师对自己、对学生以及对学科标准的全面准确的分析和了解。

学校教导处先设计并下发了"三张清单",分别为《教研组备课组教师情况一览表》《学科情况一览表》和《校本教研活动计划表》。作为教师团队的引领者,各个教研组长带领自己的团队对组内教师的结构、学生的现状进行了详细的分析,并通过诊断制定出了下一步的行动计划。

教研工作是一项理论性较强的工作,要使其与教学实际有机地结合起来。因此,我校举办了"变革,在课堂教学中生长——教学新秀说课大赛",来开展"成长课堂"等教学节活动,旨在提高青年教师理解和运用课程标准、掌握和分析教材的能力,指引青年教师进一步明晰教学理念,基于学生立场,聚焦学科核心素养,整体设计课堂教学,促进课堂转型,提升课堂品质。同时,引导和鼓励中青年学科骨干积极开展教学研究与教学改革,大胆探索课堂教学中实施素质教育的教学模式和教学方法,有效推进课堂转型,有效促进教师专业发展,提升教育品质。

(一)"优秀教研组"评选活动

我们通过"优秀教研组"评选活动,来进一步推进"强校工程",加强教研组建设,促进教学质量提升。参与评选的教研组要满足师风建设、教学常规和特色发展三个方面的条件。

首先在师风建设方面,教研组教师能坚持正确的政治方向,热爱教育事业,热爱学生,遵守中小学教师职业道德规范,团队协作意识和凝聚力强,组内帮扶结对工作开展得好,教研氛围浓,并且具有责任担当意识,服从学校工作安排,认真参与学校的各项教育教学活动。

其次在教学常规方面,教研组要根据教导处计划制定教研组计划,教研目标明确,有反思和对策,并进行总结;能够完整地记载工作手册。教研目标明确、具体,有学期特征,能解决实际问题。教研活动有设计,安排有序,重点突出,发言面广。教研主题贴近教学实际,按照计划实施,有过程、有记录,反映形成的共识和后续待解决的问题。教研组体现团队分工与合作,共同完成听课任务、教学反思等日常教学工作,教研效果好。教研组参与学校项目研究,有申报、有过程、有成果。教研组积极开展学科特色活动,如读书节、艺术节、科技节、语文节等活动,有方案、有过程、有总结。

最后在特色发展方面,教研组有期中测试、期末测试、阶段性测试、周测、检测反馈作业、专题复习资源等。教研组有较齐全的教案、课件资源、微课等多媒体资源、学生作品等资源。

(二) 主题式教研活动

教学是开放性的过程,它每天都在发展、变化。教研活动可以引进教学理念,推进课堂改进。学校以课题为抓手,以课堂实践活动为手段,以推进课堂改进为目的来开展主题式教研活动,从而达到提高学生核心素养的目的。

1. 以课题为抓手,进行主题教研活动

教研组长担任组长,负责整个校课题的研究、管理工作;备课组长和骨干教师承担课题的各个部分的重要研究工作。在校课题组的引领下,举行教学研讨、交流活动。同一主题的研讨活动,有序进行,逐步深化和完善。比如,"初中散文阅读教学的主问题设计"的课例研究,围绕主问题设计可以是围绕"小说主问题"的课例研究,也可以是围绕"诗歌主问题"的课例研究……围绕不同的大主题,多次研究同一个小专题,各个大主题的研究成果相互借鉴、逐步完善,我们就能形成在整个课程改革这一大环境下某一小专题教学的成功经验。

教研反思是提升课题研讨活动实效性的必要途径。总课题组每举行一次研讨活动,都要大致经过六个步骤。首先在研讨前,反思前一阶段的工作,通过研讨,确定下一步的研讨主题;其次进行分教学试讲,确定教案及经验交流文字稿,并印刷出来,供老师学习;再次课后自主"梳理十分钟";接着备课组长组织小组讨论;再接着由代表老

师汇总本组观察与思考的观点、改进措施与建议等进行大组交流;最后研讨结束,由教研组长形成简讯,反思教研过程。

这样的研讨流程,一是注重了主持老师或上课老师的反思,把反思贯穿教研活动的始终;二是注重了参与教师的反思,促进后续教研活动水平的提升。这种用课题来促进教学的方式,不仅可以提高教师的专业发展,更可以推进学校的课堂改进。

2. 以教学实践为载体,进行主题教研活动

传统教研的方式是教师以听为主,被动接受,而新课改条件下校本教研的新内涵是"自我反思,专业引领"。在以往的教研活动中,执教者根据教案上课,而听课者听完课后的感觉则是泛泛而谈,没有明确的目的。因此,我们教研组以课堂观察为基点,实施"三实践两反思"的研究过程。现在每个老师都根据观察点来听评课,并在听评课的过程中,通过自己的梳理与对组内老师观点的整合,形成了多视角的思维碰撞,明析了课堂教学规律与特质,评课变得更有目的性了。观察点有"主问题的制定和选择""课时目标的适切性""师生互动的有效性""课堂环节的有效性""作业布置的适切性(备选)"。

教师课前阅读课文内容,按"内涵三层次法"写好解读;观课按"观察要点"做好记录与思考;课后自主梳理;备课组长组织小组讨论;代表教师汇总本组观点与建议等进行大组交流。在课例研修过程中,教师在撰写教案时改变了原来的形式,不仅要考虑双维目标(教什么、怎么教;学什么、怎么学),而且要考虑"主问题",其他环节的设计都围绕主问题进行。在教学设计时,要有课例主题和观察点、课文解读和学情分析、课时目标和环节流程以及执教反思和同伴讨论。

课例研究一般采取一人上三堂实践课,全体语文老师全程参与听课、研讨,观察组长组织老师围绕研修主题、观察点进行研讨和交流的方式进行。全体老师在交流的基础上,撰写三堂课观察报告。

我们平时的教学实践活动有区级公开课、校级公开课、备课组公开课、微格教室录播课,这些实践课都可以用"三实践两反思"的研究过程。但是这样的研究比较费时,有时很难凑齐全组的老师,因此大家一致认为团队合作其实可以更灵活,有时甚至可以两个老师组成合作团体,对同一堂课进行研究,教师互相成长。

第三节　班主任建设总结班级管理经验

一、班主任管理工作

班主任在管理的过程中常常会发现学生存在各种问题，对于学生来说，解决这些问题需要老师的帮助和指导，教会他们具体的办法。

首先是学生学习习惯问题，表现为作业完不成、背诵默写复习效果差、上课注意力不集中、课前准备不及时以及课堂参与不活跃等。其次是学生自我管理能力问题，表现为不能进行自我约束，课间喧哗、纪律松散；班干部、课代表工作能力弱；卫生值日不到位等。再次是特殊学生群体问题，表现为家庭环境特殊，如单亲家庭、离异家庭、再婚家庭、多子女家庭等；厌学弃学，如学习基础差、智力因素、缺乏自信心等；性格因素，如心理问题、个性问题等；父母监护责任缺失，如不与父母同住或父母经常外出、由祖辈负责日常教育等。最后是家长与学校的配合问题，表现为对学生作业监督不力、溺爱护短、放任不管、育子方法不当、与班主任的配合力不够等。我们通过问题研讨总结，发现可以通过观察提醒、评价激励、家访、班干部带头、个别辅导等方式来解决弱化这些问题。

在观察提醒方面，班主任利用班级日志的方式，了解学生日常情况，对于发现的问题及时指出纠正。同时不断提醒，要求细化，教给孩子完成要求的具体方法。有的班主任每天观察学生值日工作，及时提醒，让班级的"三扫"工作高效完成；有的班主任利用课余时间，不断督促学生完成作业和默写复习。

在评价激励方面，有的班主任用记分制的办法，将学生日常行为表现进行量化，奖励表现优秀的学生，同时在家长群内不断反馈与表扬表现优秀或有进步的学生，引起家长共鸣，增强学生的自信心。

在家访方面，班主任积极开展家访活动，了解学生家庭情况。班主任利用工作外的时间进行家访，在家访中增加对学生家庭情况的了解，及时地调整教育方法。

在培养班干部方面,有的班主任采用建立临时班委的方式,给班干部锻炼和考察的机会,提高他们的责任意识,让学生制订班规,自己确立目标。给学生机会,发挥学生内在的主动性。有的班主任用奖惩方法,提高班干部的管理能力。

在对学生进行个别辅导方面,有的班主任对班级中的特殊学生进行了分析,并预设了相应的帮教设想,对缺少关爱的学生予以特别关注。不让任何一个学生掉队,从一开学就抓紧。有的班主任关注班级中的特殊学生,这些学生都需要给予特别的帮助与关爱。

对于班主任工作能力的提高,学校会组织开展定期研讨,每月开展一次主题研讨活动,分析问题,总结每位老师采用的有效举措,抛出难题,请有成功经验的班主任一起来参与,这样可以开阔思路。此外,我校还组织年级教育活动,促进学生习惯的养成。通过方案设计、意见听取,不断对其进行调整。每周活动的重点由各班自行选择设计,评价主要以学生自评、互评和教师评价为主,在年级内评选"每月之星",激励学生。通过活动体验,让学生明确要做什么、为什么做、怎么做,让学生愿意做。

二、"好习惯伴我成长"班主任工作室

"好习惯伴我成长"班主任工作室是学校搭建的一个引领班主任教育成长的工作平台。工作室从常规管理、教师引领、特色活动以及家校合力四个方面着手,加强班主任工作的能力。

首先是常规管理,在工作室的组织带领下,学校开展以"好习惯养成——快乐成长"为主题的系列主题班会。通过班队会、思品课组织全体学生学习,引导学生在不知不觉中明理、践行和反思,并指引学生们不断前行。另外,还组建了"红领巾示范岗",增设了"家务作业",定期举行"啄木鸟行动"。

其次是教师引领,要在教师引领中促进养成教育,其中班主任起到了率先垂范的作用,比如班主任提前两分钟进课室给学生做表率,学生迟到进班的现象就会大大减少。

再次,在特色活动中强化养成教育,学校积极开展各类活动,如开展"养成教育在身边"演讲比赛、好习惯手抄报以及"文明礼仪之星"评选活动,促进学生良好习惯的

培养。

最后，围绕班级学生习惯培养目标，把特色活动延伸到家庭中，让家长担任学生的生活导师，培养学生日常生活习惯。

参与工作室的班主任老师还通过实践、研究、总结，撰写教育案例和教育论文，比如制定了"学行为规范，做明强少年""启良中学六年级六大行为习惯养成"教育项目方案，帮助学生提高思想道德素质和文明礼仪素养，为他们的文明生活、幸福成长奠定基础。

三、班主任培训工作

工作室多次承担了学校的班主任培训工作，比如先后为班主任做了"典型事例撰写""好习惯伴我成长""为家长领航"等讲座。工作室老师的经验分享，为其他班主任起到了答疑解惑的作用。

疫情期间，工作室成员在各自年级中，带头开展了形式多样的云上主题教育活动，在年级中发挥了引领的作用，为大家树立了榜样。

班主任工作室扩大了优秀班主任效应，引领一批年轻班主任教师在规范管理班级的基础上，向个性化、艺术化发展，创建特色班集体，提高了年轻班主任工作的专业化发展水平。同时，努力促进班主任在原有基础上向更高级别的优秀班主任发展，使工作室真正成为优秀班主任成长的台阶。

四、线上班级管理

在疫情期间，班主任工作室在政教处的领导下，梳理总结了试运行的直播情况，从课前准备到上课听讲，再到课后作业，从仪容仪表到考勤管理，良好地应对了所面临的工作上的挑战。

为了督促学生们的自主学习，工作室还结合各自班级的情况开展了不同形式的工作。有的为了督促学生们及时完成线上作业，动员课代表每天统计汇总作业情况；有的为了提高学生们线上学习的效率,会根据班级情况不定期开展线上学生会和家长会。

以下是我校三位班主任老师的感想:

班主任A老师说:"今年七月,我顺利送走了朝夕相处四年的孩子们,圆满完成了自己四年的班主任工作。虽然班级里有十几个属于随迁子女的学生,他们存在很多问题,让我的工作焦头烂额,但在工作室一年的学习锻炼,以及小伙伴的帮助,让我与这些特殊学生的交流更加顺畅,能更关注他们的心理变化,为他们和家长的有效沟通铺路搭桥,利用课余时间强化巩固他们的语文默写……他们在成长,我也在成长,这将是我人生中最难忘的一段回忆,最宝贵的一份情谊,感恩遇见,不说再见。"

班主任B老师说:"指导学生参与班级管理,搭建自主成长的平台。在班级日常管理中,通过巧设岗位,调动学生参与班级管理的积极性,增强班级凝聚力。学生们每天早晨到校后有近半小时的自主学习时间,以最美和声开启一天的学习生活。其中还穿插着值日生打扫卫生、上交作业等环节,为保障每一环节的有序进行,班级每天会安排值日班长巡视检查,可效果不尽如人意,卫生、早读纪律总会被扣分。为此,我们以原八(4)和八(5)两个班为试点,增设学生志愿者监督岗,选派一位同学每天早读期间到对方班级监督,协助管理。他代表的是班级的形象,同时也承载着班主任对他的信任,因此,在每天的工作中他对存在的问题都能很负责任地及时指出并督促他们当场改正,或者将情况反馈给班主任。这其实也是一个取长补短的学习过程,'当局者迷,旁观者清',发现对方的问题,再反思自己是否也有不足,同时在接下来自主管理本班的时候可以将对方的管理经验为己所用,共同进步,两个班一起在考核中获得了'明德班'称号!"

班主任C老师说:"相约云端,'E'路同行。一场突如其来的疫情,打乱了我们原有的学习计划,也改变了学习模式。线上学习课本知识、钉钉群师生互动,新的学习方式、新的学习平台,更考验着孩子们的专注力和自律性。只有严格自律的人,才能实现自我提升,成为更好的自己。特殊时期,我们无法和孩子们开展面对面的线下教学,家校互动也仅仅局限于电话、微信、钉钉等线上的沟通,但隔屏相对的学生依然是一个整体,只是见面的方式发生了改变,其他的一切都没有发生变化。"

第三部分

课程构建的"明强"实践探索

第七章
基础课程夯实学生发展起点

第一节 数理类课程培育逻辑思维

一、改革课堂教学方法，提升逻辑推理水平

为了提高课堂效率，从基础课程方面加强学生的学科思维能力，数理类课程教师进行了教学理念、教学工具以及教学方式三个方面的探究，形成了丰富的课例研究材料，充实了校本课程的研究内容。

（一）几何画板以及思维导图的研究

数学组进行了几何画板以及思维导图的研究。教师以沪教版六年级上册"4.1 圆的周长"为课题，在六年级上册前3章的"代数"的铺垫下，进入了代数与图形相结合的内容。这个章节学习圆的周长和弧长公式、圆的面积公式、扇形的面积公式、圆和扇形的综合应用，是从代数到图形的一个过渡阶段。对于六年级的学生而言，这些内容较为抽象，所以授课教师借助几何画板软件，让学生感受圆的周长公式的推导过程。

首先在教学的过程中，教师进行教学设计，设定教学目标、教学重点与难点、教学过程，在新课的引入中通过问答的方式来复习回顾已有的知识。然后进行探讨，大胆猜测圆周长的有关元素，通过几何画板动态演示，解决学习单上的问题。学生在观察几何画板的演示中更加直观地感受到正方形的周长和边长有关，为引导学生推导圆的周长公式埋下基础。接着学生通过实验操作，验证猜想，回答问题。最后再结合例题来巩固知识，并以思维导图的形式完成课堂小结。

其中，思维导图是将知识点以图形的形式展现出来，把复杂的数学逻辑推理简单化，完全符合人类记忆理解能力的特点，效果提升数百倍。通过颜色、线条、图形、联想

和想象绘制思维导图,充分利用了右脑对图像的记忆功能,大大提高了学生对数学公式、定义的记忆能力;思维导图可用来做随堂笔记,用思维导图做笔记有随意性,能融入自己的理解和认知,能把自己的所听、所见、所想都融入到笔记中,提升记笔记的条理性和灵活性。

  思维导图的作用在课前、课中、课后都有所体现。在课前预习中,通过思维导图等形式可以让学生主动学习,并且预习的思路也比较清晰。晚上在预习中遇到问题,第二天在上课时可以更有侧重地听讲。如果采用问题化教学的话,可以在课堂中把问题拿出来讨论。老师上课的时候,思维导图可以作为板书,帮助学生在做课堂小结的时候,根据每一板块的内容,回顾所学知识。例如看到教师的板书,学生会将其内化为自己的课堂笔记,除基本框架之外,学生们会根据自己的喜好和特长,自发地装饰一下思维导图,将学习与兴趣爱好相结合,这也是学习数学的一种幸福。谁说数学课只能死气沉沉地上课的,不同的课堂呈现形式和不同的板书,都会让学生眼前一亮,耳目一新,从而提高学生的学习兴趣,增强学生学习的持久性。教师布置学生利用周末的时间完成平时一周做错的数学题的纠错,学生将思维导图的理念运用到了错题整理当中,从一开始的只是简单地抄一遍题目和答案,到后来的很多同学的纠错作业中都出现了"错误原因""考查知识点""难度系数(三星、四星)""不同颜色的笔""各式各样的边框设计""鼓励性的话语""可爱的q版图案",体现了思维导图中思维的分类和归纳意识的运用。

  在数学教学过程中,几何画板是一个非常重要的数学教学工具,特别是在初中的教学课堂上有着非常重要的应用性。因为它的特点是有非常强大的绘图功能,而且可以将相关几何图形的样式形状进行几何动态化的展示,这样的方式降低了几何知识的学习难度,把抽象的数学问题直观化、具体化,让数学教学充满了趣味性,提高了学生的注意力。和传统的教学模具相比,几何画板更直观、更贴切,学生的理解难度较低,对于数学知识的吸收和掌握以及数学能力的培养是一个重大的进步。在初中的数学教学过程中把几何画板科学合理地应用起来,这样不仅能够让数学的教学方式具有特色性和趣味性,同时也逐渐使老师的课堂角色发生转变。在过去传统的数学教学课堂中,老师是课堂的主体,是课堂知识的传输者与教学活动的组织者,而学生是知识学习的被动接收者,学习的自主性程度不够高。但在应用了几何画板之后,老师的教学角色逐渐转变,老师变为课堂学习的引导者和学习活动的参与者,学生作为课堂知识学习的主体和教学活动的主要参与者,提高了学生对自主学习的能力,激发了学生对数学学习的兴趣。

在数学教学的实际应用过程中,几何画板操作简单方便,能够提供丰富的资源。当下,各学校的多媒体设备多是触控型一体化计算机,几何画板作为多媒体设备中的一种辅助教学工具,能够帮助数学教师实现集中授课。只要打开多媒体设备,利用其可触控的特性,教师只需利用触控笔就可以在几何画板上绘制各种教学所需的几何模型,并且依托不同的几何模型,能够直观地呈现出比较复杂的数学逻辑关系。几何画板里面包含了非常多的数学教学资源,比如几何体、函数曲线、平面图形等,在教学实践中,教师可以直接调出软件里储存的资源以供课堂演示。

除此以外,相比于传统的工具,几何画板中的图形更加精准,在利用几何画板画出各种图形或移动图形的某一部分时,几何画板中呈现的图形元素的几何关系也会随之发生变化,有利于学生更好地理解知识点,进而降低数学学习的难度。教师能够在教学的过程中呈现出动态演示。几何画板相比传统的在黑板上画图,最大的差别就在于其动态性,传统的画图模式是固定的,教师无法动态地为学生演示图形的变化,这其实也限制了学生对几何知识的理解。而几何画板恰好能够很好地弥补这一缺陷,遇到复杂几何知识时,教师可以直接用几何画板拖动图形变化,学生可以直观地感受图形的变化过程,比如旋转、缩放、对折等,这些图形的变化过程都可以用几何画板动态地呈现,极大地弱化了教学难度,学生更能够了解几何图形内在结构之间的关系,从而快速掌握知识点。

在对学生的学习方式的影响方面,几何画板还能够为学生进行自主探索提供条件。传统的数学几何相关知识的教学中,只要涉及画图几乎都是教师在黑板上画好图,然后学生看图听教师讲解理论知识,在整个教学过程中,皆以教师示范为主,学生很少有机会参与画图。但几何画板的出现改变了这一现状,其不仅便利了教师画图,同时学生也可以实现自主画图。教师指导学生用几何画板画图,不仅锻炼了学生的动手操作能力,同时也加深了学生对知识的印象,提高了学生学习的主动性和积极性,最终提高了课堂教学效率。应用几何画板画图，提高了教师画图的效率，节约了课堂教学时间，增强了图像的灵活性、动态性，有利于提高学生的学习兴趣；学生自主画图，强化了学生学习的自主性。无论从教师授课方式而言，还是从学生学习方式而言，几何画板都能够有助于课堂教学效率的提升。

（二）分层作业课例研究

数学组还从分层作业的设计入手，进行分层作业课例研究，来提升课堂教学效率。学生在智力水平、学习习惯、学习成绩、知识能力等方面均存在着个性化的差异，在作业上对学生进行不同方式的教育培养，可以使学生根据自身学习情况和能力来完成与自身相适应的作业训练，有助于提高学生学习效率与课堂效率。课例研究分五大板块，分别是教学环节设计总结、前后测研究、教师课堂作业研究、学生课堂状态研究和课后访谈，内容为沪教版七年级第一学期"9.14(3)公式法"复习课。

教师共撰写修改了两份教案。在第一份教案中，整堂课的环节一为夯实基础，其内容为学生学习过的简单的运用公式法进行因式分解，由学生一一作答；环节二运用平方差公式进行因式分解；环节三，通过完全平方公式进行因式分解；环节四，纠错环节；环节五，思维提升；环节六，课堂小结以及作业的布置。第二份是在第一次课堂实践的基础上基于数据统计，以及全组教师的建议进行的修改。

在第一次教学过程中，从后测部分可知，学生对平方差公式掌握得比较好，但对以一个单项式为一个整体进行因式分解，特别是运用完全平方公式进行因式分解，准确率相对较低。从作业情况的数据统计发现，学生与教师互动的有效性有待提高，原因在于引入部分与学生的生活实际结合的紧密度不够，教师的问题设计欠坡度以及动手做环节不够主动。对于有一定难度的作业，教师不敢放手给予学生足够的思考空间，自问自答、赶进度的现象较为明显。从学生课堂学习状态的数据发现，环节二和自主练习环节学生游离状态较严重。全组教师通过讨论，决定对教案进行修改，使作业适当铺设梯度，这样学生对于后面的思维提升类题目就能提高一定的正确率，从而使教学目标更清晰、更有指向性。讨论还决定对教学过程中的一些细节问题进行修改，确保语言的严密性、问题的指向性和有效性。前测中存在的问题在课堂中没有得到很好地解决，导致后测的效果没有进步，检测效果没有达到。在第二节课上，前测中存在的问题在后测中部分得到解决,因此,后测的效果较前一个班级得到很大提高。

作业作为课堂教学的一种延伸,是考查学生独立完成教学任务的一种有效活动形式,是数学教学中重要的组成部分,对于提升数学教学质量发挥着不可替代的作用。在初中教学中进行分层作业设计,既彰显的是一种教学方法,更体现的是一种以人为本、因材施教的理念,对于激发学生的学习兴趣、提高数学教学效果等方面具有重要影响。

通过课例的实践与研究,教学组发现采用分层作业设计,不仅能够促使学生及时掌握课堂所学的知识,还可以不断激发学生学习数学的浓厚兴趣,开拓其智力,拓宽其视野,很好地培养了学生自身分析和解决问题的能力。形式单一的作业不仅加大了学生的学习负担,对于提升学生学习效果也变成了一句空话。要体现"让教育变得更人性化,针对不同类别的学生进行层次化教育"的理念,就要求老师在数学教学的环节中,设计出有效的新型数学作业,来不断激发学生内在学习数学的兴趣爱好,提升数学教学质量。

二、对标知识层次,培养高阶思维能力

在嘉定区重大项目"聚焦学生学习 提升课堂品质"的研究背景下,启良中学综合理科组开展了以"指向学生高阶思维能力的物理探究活动设计"为主题的研究。

高阶思维能力,是上海市绿色指标中的一个维度,主要测量学生在学科上的高级认知水平。美国教育家布鲁姆将思维过程具体化为记忆、理解、应用、分析、综合、评价,前三者通常被称为低层次思维,后三者通常被称为高阶思维。高阶思维后又被修订为分析、评价和创造。我国学者钟志贤认为,高阶思维是发生在较高认知水平层次上的心智活动,主要表现在问题求解、决策、批判性思维、创造性思维等方面,外显化之后主要是比较、分类、归纳、推理、概括、评价、创造性的活动。

学生的高阶思维能力不仅关系到其当下的学业成绩,对其长远发展也有重要价值。因此,培养学生高阶思维能力,是初中物理教学的核心任务之一。学校的物理教师在课堂中经常安排学生进行探究活动,培养学生高阶思维能力。研究通过教学实

践,探究指向学生高阶思维能力的物理概念课以及探究活动,以此形成有效的教学策略与方法。

教师围绕"指向学生高阶思维能力的物理探究活动设计"这个主题进行课堂观察、课例研讨、行为改进,由 4 名教师负责进行课堂观察,采用课堂教学设计观察表、课堂问答记录表作为观察工具,重点观察学生探究活动以及师生问答情况的有效性。教学过程分为情景引入、猜想假设以及探究实验三个部分,先后进行两轮课堂实践和两轮实践反思。通过"两实践、两反思"的研究,研究组发现指向学生高阶思维能力的物理探究活动设计可以利用"有效探究问答"和"有效学生探究实验"这两个重要的抓手。通过研读教材,设计有效问题;研究学生,寻找思维接口;耐心聆听,有针对性地回答;有效追问,引发进一步思考;提问后要有"留白"或"候答"来达到有效性的效果。

学校化学组进行了探究课堂教学与学生高阶思维能力培养相结合的课例研究,教学组以沪教版九年级化学第二章第二节"氧气的性质"为例,明确教学目标与学生认知水平的关系,有层次、有梯度地设计教学活动和教学评估,利用问题教学的方法引导学生思考和分析,结合解决复杂性问题的实验探究过程,达到通过有效的课堂教学促进学生高阶思维能力发展的目的。

高阶思维是学科核心素养的"机制"与"结晶"。"机制"指的是发展学生高阶思维即是培养学生学科核心素养的过程,"结晶"指的是最终达成学科核心素养的成果。可以说是高阶思维造就并成就了学科核心素养。初中阶段是学生化学知识的启蒙期、奠基期,他们开始学习并应用已经学到的化学知识和科学方法去解决日常生活中遇到的实际问题。由于初中化学知识较为抽象,且大部分学生在化学学习方面也仅仅停留在识记阶段,因此,应用已学的知识与技能去解决复杂性问题对他们来说一直是非常大的挑战。学生长期进行化学知识的回忆和复现之类的机械性工作对他们学科核心素养的培养与个人的学习发展都是极其不利的。因此,教研组进行将高阶思维与课堂教学相结合,以此培养学生的高阶思维能力的探究。

学生的认知过程由低到高分为六个水平,依次是"记忆、理解、运用、分析、评价、创造"。学生通过学习活动获取的知识,最低处于记忆水平,最高能够达到创造水平。其中,低水平的认知过程会对高水平的认知过程起到支撑的作用,想要达到更高阶的认知水平,就需要确保学习者已经具备了较低层次认知水平上的知识习得。在这六个层次的认知水平中,"记忆、理解"属于低阶思维,"运用、分析、评价、创造"属于高阶思维。高阶思维能力即是实现排序较高的认知过程的能力。

要将高阶思维能力与课堂教学相结合,需明确学科知识与认知水平之间的关系。学科知识分为四类:事实性、概念性、程序性和反省认知知识。其中事实性知识常用于记忆,概念性知识常用于理解,程序性知识常用于运用,而反省认知知识常与分析、评价、创造等认知水平相结合,引导学生发现学习,给学生提供练习的机会。教师在日常教学中发展学生的高阶认知水平即是重视学生的高阶思维能力的培养,而高阶思维能力即是学生解决复杂性问题的能力,即创新能力、问题解决能力、决策力和批判性思维能力,是学习者处理复杂问题时表现出的综合能力。

有效培养学生的高阶思维,需要将教学目标、教学设计和教学评估三者有机整合。主要是根据教学目标,在教学活动设计中通过"问题教学"的方式将所学的知识内容串联起来。问题设计有梯度,从简单问题到复杂问题,将学生的认知水平从低层次的"记忆和理解"逐渐激发至高阶的综合运用。最后通过有梯度的教学评估测评学生不同思维水平的状况。

在课例研究的过程中,首先确定了教学设计和内容,探究学科知识与认知水平的关系。根据布鲁姆的教育目标分类修订版对课程涉及的内容进行知识维度和认知水平维度的分类(见表7-1)。

表7-1 知识与认知水平的关系

知识维度		认知水平维度					
		记忆	理解	应用	分析	评价	创造
事实性知识	氧气的物理性质和用途	√	√				
	氧气检验的实验现象	√	√				
	木炭燃烧的实验现象	√	√				
	硫燃烧的实验现象	√	√				
	铁丝燃烧的实验现象	√	√				

续表

知识维度		认知水平维度					
		记忆	理解	应用	分析	评价	创造
概念性知识	氧气检验的原理	√	√				
	木炭燃烧的实验原理	√	√				
	硫燃烧的实验原理	√	√				
	铁丝燃烧的实验原理	√	√				
程序性知识	进行氧气的化学性质实验的操作方法	√	√	√			
反省认知知识							

在知识内容多为事实性和概念性知识的情况下,如果只呈现简单的教师演示实验,学生的认识水平多为"记忆、理解"的低阶思维层次,需要通过化学实验的实践操作才可培养高阶思维能力。因此,教师将四个课堂实验有效串联,并给予学生合作动手实验的机会。在这个过程中,学生将知识掌握与思维锻炼相结合,达到了教学的目标。

表7-2 教师教学活动与教学目标

教学环节	教学活动	知识内容	认知水平维度					
			记忆	理解	应用	分析	评价	创造
一、氧气的物理性质和用途	氧气的物理性质和用途	物理性质和用途	√	√				
二、氧气的化学性质	氧气的检验(教师演示)	实验现象	√	√				
		实验原理	√	√				
		实验操作	√	√	√			
		空气与氧气的条件对比				√		
	木炭燃烧(教师演示)	实验现象	√	√				
		实验原理	√	√				

续 表

教学环节	教学活动	知识内容	认知水平维度					
			记忆	理解	应用	分析	评价	创造
		实验操作	√	√	√			
		空气与氧气的条件对比				√		
	硫燃烧 (教师演示)	实验现象	√	√				
		实验原理	√	√				
		实验操作	√	√	√			
		空气与氧气的条件对比				√		
	铁丝燃烧 (学生探究)	实验操作				√	√	√
		实验现象				√	√	√
		实验原理	√	√				
		空气与氧气的条件对比				√	√	

另外,教师通过有效合理的教学设计和课堂实验问题的引导,让学生的思维认知水平从低阶思维逐步过渡到高阶思维,通过小组合作探究铁丝燃烧实验来进行"知识构建",在这个过程中学生利用已经学习的知识和科学的方法解决复杂性问题。

第二节　人文类课程熏陶文化底蕴

一、加强学科知识,培育人文情感

散文一直以文辞优美、语言富有情感和哲理而备受人们青睐,散文在初中语文教材中占有相当大的比重,这是因为散文具有形散神不散的特点,且语言优美,富有感染力。在弄清楚散文教学的着力点这一方面,教师的教学问题的设计显得尤为关键,学校教研组就散文主问题的设计进行了课例研究。初中散文教学应以主问题为抓手,引领学生赏析散文作品,学习散文作品中蕴含的丰富的学科知识,探究散文作品中洋溢的人文情感,进而获得思想启迪,培养健康的情感,提高审美情趣。

《花脸》是六年级语文第一学期第二单元"同龄人的故事"中的一篇课文。它是作家冯骥才的一篇叙述性散文。全文共7个自然段,文字浅显,但内涵深刻。作者回忆了儿时的经历,用孩子的视角描写花脸,写出了少年对花脸的喜爱,对英雄的那种朴素的、自发的崇拜。文章第1段通过交代:每逢年至,"我"与"小闺女们"及其他男孩子们的不同兴趣,突出了"我"对"花脸"的"喜欢",奠定了全文的感情基调。第2—3段主要写"买花脸",这两段详细叙述了过年时节在年货集市上买花脸的过程和在归途中听关公的英雄故事的体验。第4段的"说花脸",不仅把戴着花脸的"我"的感情体验更推进了一步,而且通过对关公的了解,更进一步深入到"我"对花脸的文化蕴含和朦胧感受。文章的最后3段,不仅把我的"关公情结"推向高潮,写我"在镜子面前'横刀立马地一照',不分昼夜地戴,威风凛凛地喊",把小男孩那种渴望做英雄的心理刻画得惟妙惟肖,还通过人见人夸、妈妈的乐、爸爸的笑容和客人的"见识见识",使花脸所蕴含的文化内涵有了普通意义上的呈现。

作为六年级的学生,通过朗读,能明确"花脸"是叙事线索,是课文的明线,能体会出作者对花脸的无限热爱之情。通过买花脸、戴花脸等生活细节,能感受到"我"对英雄的仰慕和崇敬,以及"我"心灵深处所隐藏的渴望成为英雄的少年豪情。因此,课文采用的是通过细节表现人物心理的写作方法,可以通过品读"关公花脸"样子的语句,感受到作者对花脸的喜爱。通过"我"买花脸时"惊喜地发现了一个",但"看得直缩脖子""竟不敢用手指它""只是朝它扬下巴"等生动传神的细节描写到戴着花脸时的情景,感受人物内心的变化情感。六年级的学生对于童年时的心爱之物还是充满兴趣的,但对"花脸"这种民间传统文化又有些陌生。因此,做好充分的预习是学习课文的基础,在此基础之上,引领学生更深入文本,体会"我"对花脸的感情变化。抓住描写花脸的语句,通过朗读,体会花脸的"特别"之处,让学生在观察、想象、朗读中,不断增强学习兴趣,体会作者在买花脸、戴花脸时的心理变化过程。

教师把感受"我"对英雄的仰慕和崇拜,抒发"我"心灵深处所隐藏的渴望成为英雄的少年豪情作为教学目标之一,这是学生理解的难点所在。如何引领学生,走哪条路,是设计教学环节的关键，也是课文的切入点。这便需要教师引导学生深读此文，通过品读关键语句，层层递进地感受和体会全文的情感发展过程，这其中情感的升华是行文的暗线，以此为切入口，对于六年级的学生而言比较容易把握，所以将此作为教学的重点。

首先，教师注重在学生朗读中达到教学目标。在整节课中朗读充分，不仅形式多样，而且兼顾了段落与关键语句，再加上老师的适时点拨，学生能从读中去感悟体会。如"俺——姓关，名羽，字云长"这一句，教师请了一名男生朗读，再请了一名女生朗读，然后教师让全班齐读这一句，在三次朗读中，学生们感受了中国传统文化中的英雄情结，激发了学习英雄气概的热情。

其次，教师注重学科的整合，课前让学生在美术老师的指导下制作了花脸，体验了戴花脸的感受，也为课上的学习做好了充分的情感准备。课后，"把自己制作的花脸介绍给家人，明天再来分享花脸背后的故事"这一环节既深化了学生对文章主旨的理解，又体现了语文课的人文色彩，同时达到了传承民族文化的效果。教师在课上问的"除了我喜欢，还有哪些人也喜欢这个花脸"这个问题使学生意识到，不仅仅只有男孩子喜欢花脸，中华民族的子孙都有这样的英雄情结，应该担负起传承中华民族文化的重任。

教学目标一是教学的重点，即学习抓住关键语句理解人物心理的方法。这次的目标指向更贴近、更具体，涉及了方法和技能，落实到了初中语文教学重点和难点，是学生必须掌握的。而且在具体教学过程中这个重点的展示较以往的两堂课更充分，教师让学生以各种形式朗读，也涉及了各段重点语句的圈划和分析，深入文本体会语言，感受"少年对花脸从'喜欢——敬畏——崇拜'"的情感。教师指导学生阅读方法，循序渐进，坚持训练，假以时日，必有效果。

教学目标二是教学的难点，直击主旨：感受少年仰慕、渴望成为英雄的情感。这其实也是教学的主线索或主问题，而且课堂中这个主问题的主导地位十分明确，始终贯穿。教学中教师充分展现出扎实的教学基本功，以及较强的解读文本的方法与能力。

授课之后，根据同伴和导师的建议，教师对教学设计做了调整，设计了四个教学环节。第一个教学环节是导入，一般来讲，导入以激发兴趣、创设情境为主。巧的是，六年级上的美术学科也有制作脸谱的教学任务，于是教师在课前进行学科整合，让学生在美术老师的指导下制作了花脸，体验了戴花脸的感受。所以，导入中有为课文学习铺设的情感准备，同时也引导学生明确了课文的叙事线索。第二个教学环节是朗读课文，疏通线索，品味主问题——少年仰慕英雄，使学生对文章的大致内容了然于心。"大抵观书先需熟读，使其言皆出于吾之口"，熟读是阅读感悟过程的第一步。教师采用了默读和交流的方式，让学生静下心来真读书。在此基础上，疏通课文的叙事线索，引导学生整体把握文章情结。第三个教学环节是课堂教学活动的主体，即研读课文，解决主问题。这个环节也是引领学生走向文章的精神实质的过程——先让学生找出文眼"喜欢"，再和学生们一起分析感悟作者如何围绕文眼表达对花脸的感情发展变化。于是，在这个环节设置了两个大问题，贯穿于整个环节。学生扣住了课文中精彩的语言，表达了个性化的体验，有共识，也有异见。读、品、悟、再读、再品、再悟。师生在文本中前行，随着课文内容从"一般的花脸——特别的花脸——关公的花脸——关公花脸"的深层内涵的展现逐步挖掘出作者情感的发展轨迹，即"喜欢——敬畏——崇拜——孩子的满足"。知之越深，爱之越切，不仅仅是对花脸的喜爱，更是对花脸人物所体现的英雄气概的仰慕和崇拜。学生作为学习的主体，也在学习的过程中加深了对花脸的喜爱之情，更在心里种下梦想——仰慕英雄、成为英雄。第四个教学环节是主题之外的延伸阅读。在这个环节中，展示作者的简单资料——致力于民族文化的保护和抢救。引导学生理解花脸不是一个简单的面具，它与代表人物的形象、气质、故事、精神融为一体，是一个民族千百年来的历史文化的缩影，因此，作者借一个男孩的视角描写"花脸"，也是试图用文字保留对民族文化的喜爱和留恋。

在进行课例研究之前，教师对课例研究可以说只有理论上的学习，总感觉隔岸观花不分明。通过这一次课例研究的活动，教师的理解有了一定程度的深入。课例研究是理论联系实际的桥梁，而以课例研究为载体的教研活动过程就是搭建桥梁的过程。搭建桥梁并不是目的，而是到达提升专业水平、提升教育研究能力的"彼岸"。每一次上完课后，四个备课组要围绕各自的观察点进行即时点评，然后教师就授课和评课给出建议。经过"三环节、两反思"的集体模式，教师发扬了群体智慧，重视建立教师间取长补短、合作学习的研究氛围，帮助教师将教育理念落实到行为，提高课堂教学效率，提高教学质量。

以课例研究为载体的课堂教学的形式改进提升了课堂效果,磨练了教师的教学水平。教师围绕着课例的交流、探讨,能够形成一个持续的、多元的、有意义的"实践共同体"。教师之间、教师与专家之间、教师与管理者之间的这种相互对话、沟通和交流,促使教师的教育观念与教学实践更快更好地进步和发展。

二、创设教学情景,培育语言环境

课例研究是教师以课为载体,围绕教学实践中的问题展开的合作性研究。它通常会经历一个"疑问——规划——行动——观察——反思和重新规划"的循环过程。课例研究的各环节要凸显"以学生为中心"的精髓。在"规划教学活动"环节,教师首先需要开展学情分析,其次教师还需要转变教学设计的重点。如果试图更彻底地改变教学的重心,可能需要首先基于学情分析的结果设计学生的学习活动,然后考虑教师的应对。即是说,课堂教学的展开路线应有多条,到底沿哪条路线展开,则视学生学习活动的情况和具体的教学情境而定。

英语组课例研究选取的教学内容是牛津英语六年级第一学期 U1—U4 的复习课。由于课例研究至少需要进行两轮,可根据前一轮课堂教学中出现的问题而在第二轮的教学方案上做一定调整。在第一轮的教学实践中,教研组发现课堂上的情境创设缺乏人物主线,导致知识点的梳理略显零散、学生记忆起来略感枯燥、活动设计缺乏一定的层次性,不利于激发学生思维、激起学生对知识点记忆与操练的热情,因此教学设计需要进行改进。根据在第一轮课堂上的课堂观察反馈情况及课后研讨的结果,课例研究组的成员对第二轮的教学方案,尤其是情境的创设做了重新设计。

在有关情境的"人物主线"方面,教师通过 Brainstorm、Puzzle 帮助学生复习词汇、句型。在 Brainstorm 环节,教师主要通过思维导图的形式帮助学生回忆、归纳 U1—U4 的主要句型"How many people are there in your family? Who are they? What do you usually do with...? What else do you do with...? What does he/she do?"对于六年级的学生来说,这样的情境创设略显枯燥,也造成学生在表述过程中,主语不够一致,一会儿是 They,一会儿是 I。在课后的研讨过程中,各观察组老师都不约而同地指出了情境创设上的弊端。

为了激发学生积极思考、积极参与,课例组老师们经过一番研讨后,决定在 B 班的教学中,选用教材人物 Alice 为主线,设计一系列学习活动。在导入环节,以 Alice 的家庭照片为情境,展开一系列问答,再以生生互动的形式进行句型的操练。在 While-Task 环节以教师本人的生活照片(滑雪、旅行等)为情境,激发学生的好奇心、想象力与提问的热情。教师改用板书的形式罗列重点句型,帮助学生记忆。在 B 班的教学实践中,情境整体设计得更加流畅,并且贴近生活实际。

在第一轮的教学实践中,教师设计了 Interview 环节,鼓励学生用所学句型来采访同学,写下答案,最后形成一篇小短文。在这个活动过程中,教师主要以问答的形式来引导学生,活动设计缺乏由易到难的层次。为了给学生搭设台阶,提升其语言表达能力,观察组老师建议增设图表和短语提示。

因此,在第二轮教学中,教师对 Interview 环节做了相应的细化,增设图表来化解难度。在 Interview 环节之前,让学生自己思考、梳理不同形式的问答句型,再增设 Pair-Work 对话环节,使学生能充分操练这些句型,并能使生生互动起来。在此基础上,教师指导学生把对话转化为一篇报告。教师通过范例,帮助学生模仿,发挥想象力。在图表的提示下,从对话到语段,从说到写,层层递进。此处图表情境起到支架的作用(见表 7-3 和表 7-4)。

表 7-3　Interview Outline

	Ask	Answer
Name		
Family members		
Job		
Like his/her job? Why?		
Describe a person		
Family activities		

表 7-4 Interview Outline

Ask	Answer
How many people are there in your family?	There are ... people in my family.
Who are they?	There are ...
What do you usually do with ...?	I usually ... with ...
What else ...?	I ...
What job ...?	He/She is ...
...	...

两次课堂活动设计都围绕单元目标与课时目标进行。在第一轮教学的基础上,教师对课时目标进行了微调,适当降低了难度。在第二轮教学设计中,课时目标设定得更为合理,有助于细化情境设计,促进教学目标的达成(见表 7-5)。

表 7-5 单元目标与课时目标

	单元目标
Unit1	1. Learn to talk about relatives and friends 2. Learn to use frequency adverbs "usually, sometimes, always, never"
Unit2	1. Learn to describe a person with simple present tense "She is always friendly and helpful, She always works hard" 2. Learn to ask and answer with present perfect tense 3. Learn to talk about our environment
Unit3	1. Learn to talk about the places in the cities 2. Learn to talk about activities in spare time "What do you usually do at weekends? I usually go shopping in Sandy Bay. Is Sandy Bay near or far away from Spring Bay? Which place ...? What time ...? When ...? How about ...?"
Unit4	1. Learn to talk about jobs and hobbies 2. Learn to interview somebody "What would you like to be?"

续 表

修改前的课时目标	修改后的课时目标
1. Memorize the key words and phrases related to family members, different activities	1. Understand the questions related to the topic: Who are they? What do you usually do with...? What job does/do...do? What would you like to be?
2. Understand key question patterns: How many people are there in your family? Who are they? What do you usually do with...? What else do you do with...? What does he/she do?	2. Be able to answer those questions: How many people are there in your family? Who are they? What do you usually do with...? What else do you do with...? What does he/she do?
3. Be able to write a short passage about their family	3. Be able to use the knowledge in former classes to describe a person

英语复习不能仅仅局限于单词的拼读、句型的转换和语篇的理解，对话交流也是英语复习中不可或缺的重要任务。因此，教师要精心创设情境，将知识点有机串联成一个整体，为学生营造生动的对话氛围，促进听、说、读、写能力的同步提升。传统的英语复习课以教材为基础，通过复习整个单元和模块的单词、短语、句子、语法等，整理、记忆、理解、练习所学内容，气氛沉闷，效率低下，教师和学生都畏惧复习课。情境创设得当，可以为学生提供身临其境的学习环境，学生会更加感兴趣，同时也可以更好地运用语言，巩固知识。

复习课不但要创设适当的情境，激发学生的兴趣与积极性，而且情境的创设要具有整体性、关联性。安桂清在《整体课程论》一书中提到："从整体语言的观点出发，语言需要在整体的背景中，而不是在孤立的背景中零碎敲打地学习。这意味着把语言分割成听、说、读、写或肢解为语音、词汇、语法，然后孤立地进行单项训练是没有意义的。整体的情境为学生的学习创造了意义生成的背景，在整体的情境中学习是有意义的学习,而有意义的学习毫无疑问地将使学生的语言学习变得更加容易。"

基于此,教师将重点放在基于情境的复习课教学上。这里的情境设计并不仅仅是为了生动教学、激发学生的兴趣,更使整个复习过程具有整体性,而图表、思维导图的合理使用使复习过程由易到难更有层次性。活动设计需要考虑到学生的年龄特征并贴近其学习生活。只有形式与内容相结合的情境创设,才能真正激发学生的学习热情,提升复习课归纳、梳理与拓展的价值。

归根结底,第一轮教学实践中所遇到的问题(既包括教师教学过程中的问题,也包括学生认识上的误区等)都可以成为第二轮教学实践改进的依据。同理,第二轮教学实践中所遇到的问题又可以成为教师下一次教授类似内容时所应该考虑到的。这是一个循环往复、动态生成的过程。

与传统的复习课教学相比,基于情境的复习课教学更好地体现"以学生为中心"的课堂教学,更有利于激发学生的学习兴趣,提高课堂的学习效果;更利于学生从教材出发,结合自己的生活实际,在熟悉的情境下,表达自己的感受;更易于学生对词句意义与用法的理解和掌握,这也就意味着学生语用能力的提高。对广大英语教师而言,在课堂上实施基于情境的复习课教学要从创设情境的主线(整体性)以及创设有层次的活动情境(层次性)这两大角度来进行。

首先,创设情境"主线"使活动过程富有整体性。整体语言的几大关键原则之一就是"学生不被要求在孤立的背景中学习片段化的、零碎敲打的语言。在功能性的背景中,整体文本能够促进学生学习所需要的语言成分和片段(图片、文字可构成整体情境中的主线)"。基于情境的复习课教学就是积极践行整体语言教学的一种方式。传统的英语复习课重在词句的讲解、归纳、梳理,往往会忽略情境的创设,尤其是对教材的忽略。把每一个个单词、句型孤零零地进行巩固与操练,过于机械记忆。因此,教师把孤零零的词句放在学生熟悉的情境中进行操练与巩固,倡导要基于情境"主线"开展活动设计,让学生利用图片、文字等提供的情境更好地表述自己的感受,掌握词句的基本用法,在具体语境下灵活运用词句。

其次,结合课内外资源使活动过程富有生活性。英语教师要重视凸显英语情境的生活性,这样有利于丰富学生认知、培养其养成自主学习意识。要积极地把实际生活和教材有机结合到一起,使得学生的学习氛围更加生活化,并不断对现实生活中存在的英语素材进行挖掘,切实有效地体现英语的交流作用。要带领学生在情境中寻找、研究并解决问题,让英语课堂教学更加富有"生命力"和"朝气",最终实现提升学生的英语综合素养。

对于自己熟悉的情境或是自己经历过的事情,学生更有兴趣和自己的老师与同学进行互动交流、探讨自己感兴趣的话题。学生往往对自己的同学、老师的生活或爱好有着一种好奇感,尤其是低年级的学生。学生在熟悉的情境下,进行问答、对话、叙述、评价等活动,演绎着"自己"的角色,而非"他/她"的角色,真正体现"学习即生活"。

最后,设计情境"梯度"使活动过程更富有层次性。教师只创设学生感兴趣,贴近他们生活、学习的情境是不够的,情境的创设是为学生学习活动而服务的,情境的组合方式、先后顺序、呈现形式都会直接影响学习活动的难度,影响学习的效果。所以,情境设计本身就要有"梯度",由易到难,层层推进。班级学生间的实际水平是有所差异的,在设计学习活动时,教师尽量分解难度,通过合理的情境设计、丰富的活动内容逐步提升难度,帮助学生提升英语的听说读写综合能力。情境设计有梯度,使学习、复习训练有层次,适当有所分层,为每个孩子的能力提升搭设台阶。

总而言之,基于情境的英语复习活动设计绝不仅仅只是创设生动的语言情境,还要合理地结合教材与生活素材,根据学生实际进行设计,由易到难、层层递进。对于情境的创设,教师一定要做到有情境的"主线",适当利用图表、思维导图进行分层训练,考虑学生现有的实际水平及生活学习环境,将教材与实际有效整合作为情境设计的素材。如果活动设计仅仅停留在听说的形式上,缺乏知识的梳理与归纳、句型的操练与巩固,那么课堂的容量是远不能满足复习课的要求的,故活动设计也要随情境的丰富而形式多样,保证复习课的容量。

三、组织团队协作,提升教研能力

(一)语文教研组

每两周开展一次教研活动,形成了启良中学语文教研组的特色。每一次教研活动都围绕教师的真切需要展开，主题鲜明，有序有效。教师在微格教室每学期开展教学公开课，并不断地进行调整与修改，形成了前后三次的课例研究模式。名师引领与科研参与促进教师语文教学能力的提升。

语文组特聘了青浦区语文专家引导阅读课例研究，参与听课、备课，指导教师，给语文教师的专业发展带来了活力。课外阅读有序开展，且形式多样，既有根据教材实践进行相关拓展，又有个性化的阅读拓展。六、七年级的语文拓展性课程内容丰富，通过走班选课制度教授快乐语文、阅读写作、硬笔书法等相关课程。写作教学相对规范，教研组每学期规定8篇作文落实在作文本上。

（二）英语教研组

我校英语教研组团结协作，是一个勤奋努力、积极向上的团队，能在教研组长的带领下定期召开有主题的教研活动。重视教学研究，能以课题研究带动教研组建设，营造了良好的研究氛围，促进教师的专业发展。能重视备课组之间的交流，特别是六、七年级新教材备课时的互动。英语教师批改作业认真，及时反馈学生在作业中出现的共性错误。测验后教师重视试题评析，增强知识的复现率。注重作业布置的形式多样，有背诵、默写、作文、阅读等。特别是九年级的默写做得比较到位，并且重视订正和重默。

教研组活动重视对教法的研究，逐渐提升一线教师的教科研能力；重视积累、梳理和归纳，形成高质量的课例、论文、课题报告，以有效教研促有效教学。落实备课组和备课组之间的互动与交流（特别是两个使用新教材的年级），共同探讨教学问题，分享教学资源，共同研究并解决问题。

（三）思品教研组

思品备课组有序开展工作，围绕学期重点工作，落实教学常规，优化课堂教学。教研组每周定期开展活动，有合作备课，定期对备课本和作业进行检查。每学期每位教师都申报校级公开课，并在微格教室进行录播，组内其他老师进行点评。组织教师进行学校小课题申报工作，研究日常教学存在的问题，提出相应的教学策略。

教师利用教学技术手段、微视频创设情景，引导学生讨论与思考，如采用多媒体教学，在课堂导入时采用女排奥运夺冠的视频资料，形象直观，同时引导学生分析女排夺冠的原因从而导入课题。教师善于采用案例教学，问题设计环环相扣，组织学生进行思考、讨论、交流，学生参与度高。教学内容贴近学生，能够激发学生的学习兴趣，通过讨论、交流、教师引导、感悟，达到教学的实效性。让同学现场举例为班级集体做努力的榜样，引导同学自主发现并布置课后作业——"我能为班级作哪些贡献"，实现了思品学科明理导行的目标。研发了拓展课"世界遗产在中国"，让学生了解中国的世界遗产，激发学生的爱国情感。

备课组有计划，有落实，有特色。组内老师建立微信群，布置工作，研讨教学，重视实效性，起到教学相长的作用。聚焦时政教育，促进学生关心国际、国家大事，培养一定的时政敏锐度，给每位同学布置搜集新闻、播报新闻、上交新闻稿的作业，老师给予引导和评价，并进行评选和颁奖。积极组织校级时政大赛，选送表现突出的学生参与区级比赛。结合课堂教学，进行时政专题教育，如组织学生观看《国情备忘录》《辉煌中国》等纪录片；协助政教处，组织学生参观学校校史馆和交通安全馆。

另外，针对年级的差异，教研组制定不同年级的行规培养。六、七年级注重学生行规培养，如课堂礼仪、课堂纪律、作业规范等，课堂多采用案例教学，通过教师引导、学生讨论归纳的方式，鼓励学生积极发言，提高学生教学参与度和培养学生的表达能力。八、九年级注重教学的深度，提高学生的思辨能力，结合毕业考，加强针对性练习，提高合格率和优秀率。

（四）历史教研组

统编七年级历史作业将作为中考改革后学生历史平时成绩的重要依据，引起了教师的重视。教学组能够很好地运用统编教材配套的练习册，做到一课一练，并全批全改。但是教师对学生作业的评价等级不一致，缺乏整体性和统一性。七年级历史由每周2课时增加到3课时，且在2020年纳入中考，七年级8个班，课时增加明显，师资紧张。三位历史教师中有两位是兼职历史教师，由汉语言专业学科背景的教师任教；一位是本专业的历史任课教师。教师队伍年龄结构偏大，三位均为女性教师，平均年龄48岁。教师请假，学生的历史课则改为自修，完成市教研室统一规定的教学进度，就发生较大的困难，教学质量也难以保证；同时教师队伍的后续发展缺乏合理的梯度和适当的储备。

为此，学校加强历史师资队伍的储备，改善历史教师的性别和年龄结构。设立历史备课组，研究七年级统编历史教材、教学基本要求及近年来的初中学业水平考试卷，制订教学进度计划，明确教学目标，做到教材文本、教学基本要求、课堂教学、教学评价的一致性。加强对现有任课教师的业务及教学培训，积极参加市区各级教研活动。

教师教学规范，对历史学科本体知识及结构把握准确，教学过程完整。课堂教学中能够设计合适的情景和历史问题，利用各种资源，引导学生参与学习。七年级备课组基于教学基本要求，进行单元教学设计，再由教师进行单课设计。针对七年级学生的认知心理特点，创设历史情景和学习环节，设计学习活动，让学生参与到历史学习和构建之中。

第三节 艺术类课程培育审美能力

在艺术类课程方面，学校组织集体备课来优化教学，在备课的过程中分析教学策略、拟定个性化教学，以合伙人的形式来参与教学改革，注重针对薄弱之处实行分层教学、个别教学；学校聘请区教研室教研员来指导教师，加强对教师教学的引领性；学校开好三类教师会议，利用不同的会议解决不同问题，注重细节的把控，同时关注重点；学校积极树立标杆，充分发挥榜样的力量。

教研主题的内容是"音乐学科校本研究现状与反思"，教研员参与了两次校本研修活动。在第一次，教研员深入组内了解校本教研实际与教师目前教学的问题和困境，并提出一些思考与改进建议。在第二次，教研员根据市级音乐学科单元教学的实施方法与策略，根据教师事先选定的教材单元主题内容进行讲解、分析，并提出下一步的操作步骤。两次教研活动都是以教研员与组员交谈的方式展开的，但是均能够围绕学校教研组如何根据音乐学科教学基本要求开展单元教学设计的主题内容展开。两位老师表现了高度的热情与积极性，在交流互动中均表示非常愿意结合单元教学指南及教学基本要求的相关内容开展教学实践研究，并制定了教研计划。

音乐教研组的两位老师工作非常认真且敬业，工作量是满负荷甚至是超负荷的——每周16—18节音乐和艺术基础课程、每周一次学生社团活动课程、区里少年宫各项艺术比赛活动，九年级毕业典礼的整台统筹、运动会班级入场式等校园内凡是涉及音乐的活动，两位老师都会尽心尽力，亲力亲为。但是在教研组活动计划与总结中几乎没有任何呈现。

教研员建议组内教师把所有的工作进行分类归纳和总结，并提炼成过程性、经验性的资料汇总。一方面可以梳理已有经验与成果，另一方面可以将之前扁平化的琐碎工作与学校"明强"课程体系相关的点进行有效对接，这样会更好地发挥音乐学科的育人功能与价值，努力使自己在成为奉献型教师的同时也能成为"学习型"与"智慧型"的教师。

教师在开展教学设计时，初步具有单元意识。以七年级执教老师呈现的"生旦净丑演乾坤"一课为例，教师有比较全面的单元主题提炼与概述，有基于教材学习内容的学情分析及预设的解决思路。单元教学目标的叙写兼顾学生的三维目标落实，对单元教学的重难点把握能够结合现有教材特点及学生实际能力。不足之处在于以上单元教学设计尚缺乏基于课程意识基础之上的，对中学音乐学科教材内容作品的深入分析与理解而进行的教学设计，所以在单元教学目标的制定与内容重点的把握上与市级教学基本要求有距离。因此，根据上海市中小学音乐学科教学的基本要求及单元教学设计整体的设计思路来看，单元教学设计在整体叙写上可以做一些调整尝试。根据中学音乐七年级教材单元的人文主题，可以在对不同教材的教学内容进行"单元教材作品分析"后，对单元作品的关联性特征进行分析，然后提炼出单元教学内容重点、单元教法与学法分析、确立单元课时安排、制定单元目标及单元重难点预设。当然，教师在开展上述单元教学设计的基本思路与流程的过程中需要结合音乐学科教学的基本要求，整体关注学生音乐学习经历、学习方法和学习习惯的获得与养成。

在七年级执教教师呈现的"生旦净丑演乾坤"一课中，教师提供的三个课时的教案的分课时目标设计关注单元目标的分解落实，以及分课教学内容之间的教学逻辑。但是由于对教材作品的分析不够充分，因此每课教学的主要内容不够明确，目标制定出现大而空的问题，比如"感悟传统戏曲的精彩魅力，培养学生了解我国传统戏曲的兴趣"这一教学目标,当将它作为单元目标撰写时,落实在课时目标里仍旧这样定位就看不到课程的落实目标。此外,课时目标还有重复无效的问题,比如"了解一些传统戏曲的常识",这一目标在三个课时的目标撰写中全部存在,看不到具体清晰的目标分解落实。

针对"戏曲"单元内容的学习,教师在教学中比较关注学生在实践体验中知识与能力的养成,因此设计了如欣赏名家名作、学唱戏曲片段、用器乐演奏戏曲、小组讨论交流等多样化的学习方式。但是,在具体教学环节的学法设计上存在知识技能的学习与能力的获得之间联系性不强的问题。京剧脸谱的由来、形成的历史、脸谱人物性格及颜色介绍等这类知识的教授,学唱歌曲《说唱脸谱》技能的获得,以及对歌曲形式与内容美的理解,最后换化成能力,这其中的逻辑关联并没有清晰的学法设计。教师在课堂设计中对学生口风琴吹奏能力的预判不足,对学习目标要求不清晰,让学生用口风琴完整吹奏全曲的目标设计缺乏合理性。

因此,在教学设计时设定的目标、教法与学法必须符合学生实际学习能力及音乐学科学习的基本规律,必须在单元教学目标的整体设计下,有序地推进教学内容,才不会使教学缺乏逻辑,丧失音乐学科应有的价值。

第八章
"幸福成长学堂"铸造学生幸福基础

第一节 "最美和声"树立"明强"学子形象

一、"最美和声"文化溯源

我校秉承启良先贤"唤起民众,启发良知,教育救国,振兴中华"的办学初衷和"爱国、救国"的教育理想,激励着一代代启良人励精图治、不懈奋斗。1934 年,浦泳老先生担任校长。他提出把"明强"作为启良的校训,寄托了老校长要把启良学生培养成有知识、有才干、有体魄的人的教育抱负。以"明强"为校训,就是要激励启良学子不仅要具有"良知",而且要自强不息地学好科学文化,练好强壮的体魄,不断完善健全的人格。

我们的办学理念是"开启灵性,教化良材",育人目标是"培养'有良知、会学习、爱生活'的明强学子"。有良知,是培养目标的核心要素,是从发掘学生与生俱来的最基本的道德理念出发,培养学生具备明辨是非、文明礼貌、自信进取的品质。会学习,就是要培养学生好学善问、刻苦勤奋、合作向上的品质,进而帮助学生树立自觉肩负起复兴中华的崇高理想。爱生活,就是要培养学生纯真活泼、充满阳光、热爱生命的品质,在创造美好生活的同时,也能享受美好的生活。

"开启灵性,教化良材"是对启良先贤教育理想的传承和发展,"有良知、会学习、爱生活"是启良人对"良材"定义的高度浓缩。"明强"的文化内涵是我们培养启良学子形象的内在要求。具体而言,"明",就是明德、明责、明学;"强",就是自信、自治、自创。"明强形象"就是学校办学理念和"明强"文化内涵在启良学子身上的外显形式,而"最美和声"则是我们对启良学子"明强形象"的生动诠释,也是"明强形象"的实现途径和具体体现。

二、"最美和声"活动内涵

为深入贯彻落实立德树人根本任务,不断增强中小学德育工作的时代性、科学性和实效性,教育部印发的《中小学德育工作指南》(以下简称《指南》),切实将党和国家关于中小学德育工作的要求落细落小落实,着力构建方向正确、内容完善、学段衔接、载体丰富、常态开展的德育工作体系。打造启良"最美和声",就是要落实《指南》要求,在落细落小落实上下功夫,在常态开展和体系构建上做文章,在改革创新上动脑筋,在促进学生自觉自律上求成效。我们认为,校园是教人求知、向善的地方,需要有一些有别于其他场所的独特"声音"。这些"声音"的和谐共奏,构成了校园的"最美和声"。

早晨应该有读书声。一日之计在于晨,早上的时间要好好利用。我们的同学们每天7点左右就来到了校园,要充分发挥学生自我管理的作用,把这段时间利用起来。拿起书本,齐声诵读,让琅琅的读书声成为清晨校园里最美的声音。

课间应该有欢笑声。校园不仅仅是学习的地方,还应该是学生健康成长的乐园。启良中学的校园,应该是充满活力的校园。课间休息、体育课、活动课,我们都可以到操场上来做做运动,开怀大笑。这比课间在教学楼内追逐打闹要文明得多、有益得多。欢笑声,是"最美和声"的重要成分,我们不能用吵闹声把它掩盖了。

午餐时应该有碗筷轻触的叮当声。碗筷的叮当声,可以成为午餐时美妙的音符,但它常常被同学们的说话声掩盖。大教育家孔子有言:"食不语,寝不言。"这是他对君子言行的一条重要标准。这六个字体现了一个人的个人修养。我们希望每一位启良学子都能文明用餐,不在用餐时发出不和谐的声音,用实际行动体现君子风范。

集会时应该有响亮的歌声和呼号声。心有力量,歌声响亮。响亮的歌声与呼号声是展现初中生朝气蓬勃的生命力和昂扬向上的精神面貌的最好方式之一。响亮的歌声,首要的就是把国歌唱响。要把少先队的铭言呼响,用响亮的呼号展示我们内心的力量。

三、"最美和声"导行机制

打造启良"最美和声",旨在培养启良学子的自主教育、自我管理和自觉行动,进而内化为自身的文明素养。学校着重在思想引导和行动助推上建立机制,保障"最美和声"行动的有效落实。

(一)明强讲坛,凝聚"最美和声"的行动共识

当前,我校即将从百年老校迈入百年强校的新时代。但百年强校不是靠一两句口号喊出来的,而是要靠真抓实干做出来的。打造校园"最美和声",是启良人贯彻落实党的十九大精神和《指南》要求,落实立德树人根本任务的一项细小的行动。"最美和声"的打造,必须要从一言一行做起,从每一个细节抓起,既要从大处着眼,又要从小处着手。我们利用每周一的升旗仪式时间,开设明强讲坛,由学校领导和相关部门负责老师围绕"打造启良'最美和声',树立学子'明强形象'"这一个大主题,从不同的角度开展宣讲,讲清"最美和声"行动的背景和意义,让师生不断明晰"最美和声"的概念、目标、内容、策略,凝聚打造"最美和声"的行动共识。

(二)班级讨论,丰富"最美和声"的内涵外延

为了提高全体师生对"最美和声"的参与度和认同度,丰富和拓展"最美和声"的内涵及外延,我们以班级为单位,开展启良校园"最美和声"征集活动。各班利用主题班会、晨会、午会等时间广泛开展"最美和声"大讨论,寻找启良校园的"最美和声",引导学生关注一言一行,由外而内地提升文明素养。在大讨论的基础上,学生填写《启良中学"最美和声"征集表》,将发现的"最美和声"以文字的形式记录下来,报送学校德育处。德育处在初选的基础上,利用微信平台开展投票、宣传等活动,确立启良校园"最美和声"的主要内容,如上课时响亮的发言声、自习课上的翻书声、扫地时的唰唰声、跑步时整齐划一的脚步声和口令声、午间休息时悠扬的乐曲声、表演时热烈的鼓掌声、校园内热情的问候声等等,并号召全体师生在校园内广泛推行,形成启良校园新风尚。

(三)日常考评,强化"最美和声"的机制保障

学校将"最美和声"纳入班级管理考核和学生日常行规考评中,推行明强班级评比

和"启良之星"德育综合评价两大考评机制,力促"最美和声"行动落地见效。一是推行明强班级评比考核机制。根据《中小学生守则》《中学生日常行为规范》、学校规章制度及"最美和声"主要内容,制定"班级常规量化考核"方案及细则,关注学生自主管理,实行"日检查、周汇总、月考核"制度,每月评比一批明德班、明责班,每学期评比表彰一批明强班。二是实施"启良之星"德育综合评价,挖掘学生发展潜能,鼓励进步,树立典型,通过一枚枚"启良之星"奖章让校园内"群星闪耀",引导每一个启良学子寻找自身的闪光点,关注自己的点滴进步,进而展示自我才华,增强发展自信,逐步形成"学习求真、做人求善、言行求美、性格求乐"的精神面貌。

"最美和声"的推行,对学生良好行为习惯的养成会起到很好的引导和促进作用,学生的日常自我管理井井有条,午餐排队井然有序,晨读书声琅琅,课间跑步履整齐精神昂扬。当然,启良学子形象的培养不是一朝一夕之功,我们将在实践中不断思考,优化设计,扎实行动,通过"明强形象"的打造,展现启良学子的"最美和声"。

第二节 职业生涯规划聚焦学生未来发展

一、生涯教育,照亮幸福之光

对于生涯教育,在世界各地都有不同的定义。生涯教育不等同于职业教育,也不是单一的心理辅导,它是面向学生适应未来社会生活的综合能力与素养的培养。我们对中学生进行生涯教育的指导思想是坚持立德树人、五育并举,牢记为党育人、为国育才使命。

2018年,上海市教委发布了《关于加强中小学生涯教育的指导意见》,明确了中小学生涯教育的目标是"增强中小学生生涯规划的意识和能力,培养自尊自信、积极向上的个性品质,促进学生的健康成长和终身发展",主要内容包括自我认识、社会理解、生涯规划。初中阶段的生涯教育侧重于生涯探索,主要通过生涯教育课程与活动实施,促进学生拓展自我认识，培养合作能力、学习能力和生活适应能力。以初中学生综合素质评价为指导，以综合实践活动为载体，促进学生对高中阶段学校的了解，拓展学生对社会分工、职业角色的体验与认识，初步形成生涯规划的意识与能力。

（一）建立学生生涯教育中心

我校已有的软硬件设备，奠定了生涯教育的基础。根据学校发展需求，在区教育局的支持下，我们建立了学生生涯教育中心，设置了团体辅导室、心理辅导室、沙盘室、放松室、宣泄室、接待室、办公室和研修室等专用空间。这个生涯教育中心将助力师生成长，成为师生共同发展与成长的新空间。

嘉定区心理健康教育中心作为启良中学分中心，在区教育局、区中心的指导下，经过五年的建设发展，发挥着三大功能。首先，它是初中学段生涯教育研修中心。通过建立初中生涯教育联盟，定期组织项目研究与研讨，整合学校资源优势，契合综合改革要求，提升初中阶段生涯教育的内涵与实效。其次，它是初中生涯教育指导课研发中心。根据学生发展特点，开设生涯指导课序列，建立课程实践资源库，线上线下课程互通共进。最后，它是初中生家长生涯教育指导中心。针对学生家长的困惑与需求，通过开设家长沙龙、家长工作坊、家长学堂等，为家长提供多元化辅导。

分中心在建设的过程中，在不同阶段经历了不同的举措。例如，在建设的第一阶段，主要聚焦在开发与实施初中生生涯指导课程上。我们开发了18节生涯指导专业课程，与心理辅导课、班会课相融合，为教师提供生涯课程所需的精品课件、精品教案、教学软件、教学素材、教学建议，提供指导示范课课例视频，为生涯教育提供完整、有效的教学支持，从而提高生涯教学的成效性。

（二）提升教师生涯教育指导能力

提升教师生涯教育指导能力，建立生涯教学支持系统也是重要内容之一。为了建立"体验＋工具"式的教师培训体系，每年暑假我们开展集中式生涯教师培训，发挥市"双名工程"攻关计划陆正芳基地资源优势，根据生涯指导课开发、实施的进程，开设相对应的培训课程，以此来提升教师生涯指导的意识、理念，并提供给教师生涯指导的具体方法。

为了让教师更好地了解初中生，我们还开发了教师培训课程。通过培训课程"面向初中生的八个关键能力,教师怎么办",主要帮助教师解决在指导初中生发展过程中的关键问题,了解影响初中生积极行为的八个关键能力,理性看待初中生在青春期存在的问题,理解教育的价值与作用。结合实际案例,科学分析学生行为背后的成因、需求,采用科学有效的指导策略。通过探讨,为教师在解决具体问题的过程中提供一定的方法借鉴和理论支撑,指导教师开创性地应用以实践体验为主的指导方法进行教育实践。培训课程总共分为8讲,每一讲都设有破题、案例、剖析、练习等四个环节,让教师在实践中尝试培养初中生的八个关键能力——学会保持积极情绪、学会合理管理时间、学会处理矛盾冲突、学会理性分析与选择、学会自觉遵守规则、学会参与社会实践活动、学会掌握正确的学习方法、学会友善人际关系。

(三)建立学生生涯成长评价体系

学校积极建立学生生涯成长评价体系。根据学生发展特点,结合生涯指导课,开发学生学习资源库,并且结合综合素质评价、日常评价、学生积极特质评估、学生志趣倾向评估等数字信息,为学生建立生涯导航数字画像档案。紧扣当下"五育并举"的素质教育新政策,包括德、智、体、美、劳五个维度,为学生的个性化"学涯""生涯"规划指导提供数据实证和科学依据。以大数据分析促进对教师和学生的有效评价,进一步发掘学生潜质、激发学生兴趣、指导学生学习,为每个学生提供适切的教育。

(四)重视社会资源的运用与辐射效应

对于社会资源的运用与辐射效应,我们也十分重视。学校开展家庭教育指导,将生涯教育融入家校共育,定期举办生涯指导讲座、家校论坛、家长沙龙等,指导家长了解生涯教育的理念与方法,引导家长尊重学生的个性特长、成长规律和发展需求。联动家庭科学开展生涯指导,举办家长职业讲堂,发挥生涯教育的家校合力。注重社会资源开发,依托理事会、校友会等平台,为学生生涯规划提供丰富的课程资源,构建各学段衔接的学生社会实践课程,丰富学生的成长体验。

(五)建设生涯教育的保障措施

要推进生涯教育的顺利运行,保障措施的建设也必不可少。我们首先加强领导,发挥分中心的引领辐射作用,建立区域初中生涯教育指导小组,指导本区各初中学校根据自身实际与学生特点,制定生涯教育方案,设计开发生涯教育课程与活动。将生涯教育课纳入学校拓展型课程或专题教育课时，并与学校德育、心理健康教育和各学科教学结合起来，确保生涯教育有效开展。按照构建大中小幼各学段纵向衔接、课内课外网上网下横向贯通、学校家庭社会三位一体的德育总体要求，广泛利用社会资源，积极拓展人力资源、场地设施、活动形式、体验内容和指导方式。

其次，推进队伍建设，以学校专职心理健康教育教师为基础，配齐配强专职、兼职生涯指导教师，组建由学校德育干部、心理健康教育教师、班主任和学科教师分工协作、共同构成的生涯教育教师队伍。

再次，我们建立生涯指导教师研训制度，定期为教师提供具有针对性的生涯教育相关培训和继续教育，打造专业化初中生涯教育教师队伍。探索建立和普及生涯导师制，与区德育研究部门组建生涯教育研究与指导专家队伍，开展生涯教育实施情况调研，推动区、校创新生涯教育模式，形成生涯教育资源库，不断提升本区中小学生涯教育工作的整体质量。

最后，我们加强经费投入，加大对生涯教育工作的投入，保障生涯教育的开展。广泛动员社会力量，多渠道拓展支持保障，丰富教育设施和活动资源，形成做好生涯教育的社会合力。通过强化评估激励，协同区主管部门和本区各初中学校，将生涯教育纳入学校发展性评估指标，建立健全生涯教育规范化、专业化的长效监督机制。

二、数字画像，构建数据未来

随着移动互联网和大数据技术的发展，数字画像技术在教育教学中的应用得到越来越多的重视。学生数字画像需要多维数据的汇聚和天然状态下的伴随式数据采集，数字画像的采集与分析正日益成为教学评价和大规模因材施教的核心，基于学生数字画像的群体画像也在办学改进和教育治理中发挥重要作用。

这一技术基于数据驱动理念，运用数据挖掘、人工智能等技术手段，利用学生学业的结果性数据（如学科考试成绩）、伴随式采集的过程性数据（如德育评估、社会实践记录），依据面向未来人才的教育科学模型，开展学生综合评价分析，追踪学生生涯轨迹，构建学生数字画像。通过以往的信息化建设，学生学习过程中的全方位数据记录得以实现；通过大量的数据分析、数据建模、软件开发，逐步形成多维度的学生个性化数字画像和群体画像成为可能。

通过提升学校信息化基础条件，我校打造安全可靠的现代化数字画像系统，画像维度紧扣当下"五育并举"的素质教育新政策，包括德、智、体、美、劳五个维度，重点着眼于德、智两个维度，为学生的个性化"学涯"乃至"生涯"规划指导提供数据实证和科学依据。以大数据分析促进对教师和学生的有效评价，进一步发掘学生潜质、激发学生兴趣、指导学生学习，为每个学生提供适切的教育。

学生数字画像及其应用基于 MySQL（关系型数据库）和大数据平台的采集与分析，把学生的特征标签封装成数据接口服务，推送到前端，将信息数据变成生产力，助力学校管理和教师科学决策。学生数字画像系统根据不同教育角色的诉求和关注点，分层提供不同维度的个体画像、群体画像展示。不同教育角色可根据实际管理权限和需求，进行不同层次学生群体和个体画像信息的检索与查看，快速了解教学情况、合理分配教学资源、充分优化教学路径，显著提升管理成效和教学效果。

第三节　社会实践活动助推学生全面成长

社会实践活动是推进素质教育，促进学生全面成长的重要内容。我校根据教育部《中小学德育工作指南》和《上海市初中学生综合素质评价实施办法》等文件精神，结合上海初中学生综合素质评价改革的目标与任务，推进学生综合素质评价，并制定了社会实践活动实施方案。

在社会实践活动的组织中，我们坚持价值导向、统筹兼顾、客观真实、公平公正几个原则，为学生的幸福成长铸造基础。

首先，我们坚持与社会主义核心价值观教育、中华优秀传统文化教育、革命传统教育、劳动教育、生涯教育、创新实践及生命安全教育等有机结合，符合学生年龄特点、认知规律和教育规律，注重知行统一、体验教育、主动参与，引导学生在社会大课堂上，自觉遵循道德规范,增长知识才干。

其次,我们以一体化发展思路,推动社会实践资源整合、学段衔接、课内外衔接和师资衔接;统筹育人方式,既要重视课堂教育,又要强化实践教育;统筹学校课程,既要重视与综合实践课程的衔接,又要兼顾社会实践资源与时空的相融一致。

再次,我们结合培养目标、学生实际以及课程内容,有选择、有计划、有目的地组织、引导学生在社会实践基地/场所(项目)中开展社会实践。如实记录学生在社会实践过程中的主要经历和典型事例,以事实为依据,真实反映其全面发展情况和个性特长发展状况,并将其作为综合实践活动课程及其他相关学科学习评价的参考依据。

最后,我们运用科学规范的记录与评价方法,促进学生健康成长;用好"上海市初中学生综合素质评价信息管理系统"(以下简称"管理系统")和"上海市初中学生社会实践电子记录平台",严格规范评价程序,建立信息确认制度、信誉等级制度、公示和举报投诉制度等,确保公开、公平、公正。

学校在每学期开学前两周内完成上一学期(含假期)的社会实践认证、记录和统计工作。学校要及时并精准地做好学生社会实践档案记录工作,记录由学校集体组织的社会实践活动,主要是在"电子平台"上记录社会实践的类别、主题、时间、内容、基地/场所(项目)、课时、获奖情况、记录人等信息。

除此之外,我们还成立了学生社会实践工作小组,由分管校长牵头,组员由德育、团队、各年级组长组成。组员进行分工,设外联、培训、实施及评价等职能。小组制定每学期的学生社会实践活动的计划,并组织实施。

具体职责为:党支部书记、校长全面负责社会实践各项工作。党支部副书记、德育副校长做好意识形态动员、宣传工作,做好教师、家长、学生等监督与引导工作;制定学校社会实践工作实施方案;协调各条线的具体工作。德育处负责各年级教师、家长及学生的培训;布置落实各年级学生的社会实践活动,在电子平台上录入活动信息及审核班主任、年级组长在电子平台上录入的信息。总务处、安保处提供社会实践工作车辆、设施设备器材、人员等后勤服务保障。安保处提供社会实践安全保障。教导处(体卫科艺)组织开展相关文教科创活动,协助相关电子平台录入信息。团队布置落实团队实践活动、志愿者服务等实践体验,在电子平台上录入活动信息及审核相关电子平台录入的信息。年级组长组织、协调年级组社会实践活动,审核相关电子平台录入的信息。班主任负责开展、反馈班级学生的实践活动,做好家校沟通工作,在电子平台上录入相关信息。信息录入校级管理员负责各级信息管理员的培训、解释工作,以及审核、反馈学校电子平台上录入的信息并确保其正确性。

根据学校德育工作的主线,我们制定了每学期学生社会实践工作专项计划。小组成员定期召开例会,开展班主任专题培训,每学期进行学生社会实践活动展示;加强过程管理制度的建设,不断摸索学生社会实践活动的良性运行机制。按照制定的方案,学校做好学生网上统一身份认证、组织培训、活动开展、网上记录、信息核实、服务保障等工作;有序组织学生以少先队组织、共青团组织、班级或社团等方式开展集体性社会实践活动,并需经监护人书面同意,切实做好相关指导、培训和风险防控工作。按上级有关部门经费使用规定,合理使用学生素质教育活动经费。

第九章
"文化艺术学堂"丰富学生综合素养

第一节 书法艺术拓宽学生个性成长道路

启良中学的老校长浦泳擅长书法,从小耳濡目染,正、草、隶、篆皆能,尤以隶书、行草著称,经常治印,间或作画。书法不仅是文化,更是一种艺术形式。书写者利用硬笔、毛笔书写各种字体来表达自己的情感,叙说自己的心意,所以采用校本课程的方式教授书法,能够在传统书法教育的底盘上,为学生们增加审美教育的内涵,从内在强化学生的个性和气质。

书法除了能够陶冶情操,还能够帮助学生养成正确的写字习惯。写字习惯是伴随一个人一生的东西,教师要注重在学习的过程中有针对性地找出学生的问题所在,例如拿笔的方法,身体的坐姿。书法万变不离其宗,任何书法流派都需要完善的基本功打底,良好写字习惯的养成能让学生对于书法获得更多的理解。

因此,我们十分重视对学生书法的培养。首先是让学生们了解笔墨纸砚的用处和来历,从书法的工具入手,让学生先对书法有一个基本的了解。其次是带领学生们走进书法大家——软笔以楷书四大家(颜真卿、欧阳询、柳公权、赵孟頫)的楷书为主,硬笔以田英章、于洪亮、庞中华的字体和方正字体为主,通过向学生们展示书法大家的作品,让学生们感受到书法艺术的美感和冲击力,憧憬自己有一天也能写出这样的书法。最后是教授学生楷书的书写规范,并从大局观的角度阐述书法艺术的整体把握问题,收集古今的书法作品,让学生欣赏,从而提升自我的审美。

在书法教学中,教师作为学生学习的主要引导人,对学生实施教育教学,其本身就是一种教育力量,教师向学生传授个人所知、所闻、所想,能够获取学生的信任,树立威信。教师在日常上课时的板书就是一种展示和示范的过程,学生能够从中获得美的享受,这也将为学生树立榜样,学生在潜移默化中受到影响,自觉加强个人书写能力的锻炼。因此,提高书写水平不仅是学生的任务,也是各学科任课教师的任务。

教师在教授传统书写方法外,还培养初中生们对于书法文化的认同、喜爱和兴趣,帮助学生提升审美能力。教师坚持以人为本的教育理念,让学生沉浸在中国书法的历史长河中,激励他们练习书法,最大程度地让学生陶醉在书法艺术当中,锻炼他们的意志,提升他们感知美的能力。

兴趣永远是一个人最好的老师,我校坚持培养学生们的书写乐趣,创造一个浓郁的书写环境,如设立专门的书法角、举办书法评选活动,让学生们更好地展示作品,发挥书法特长。学生对于练好书法的积极性,就从学校的书法氛围以及生动的活动中获取。

总之,书法教育不只是教授学生们写字的教育,更是要做到能够帮助学生们全面地发展,在学习书法的途中,爱上中国的传统文化,并且树立正确的审美意识以及世界观,能够培养出适应新时代所需的有才识、有见解、有能力的复合型人才。

第二节　传统体育特色锤炼学生身体素质

我校积极开展体育活动,以体育节为契机,加强学校体育工作,让体育运动贯穿全校师生的学习和生活,热爱生命,热爱体育运动,以饱满的热情投入到阳光体育运动中来。

体育节暨秋季运动会,是对学校体育工作和师生精神面貌的一次展示,是对同学们集体观念、拼搏精神和积极奉献的一次考验。学校秉承明强校训,一个人没有健康的体魄,就没有积极的人格,也不可能实现自己的价值。学生们要做有良知、爱学习、会生活的启良学子,无论在课堂上、生活中,还是在运动场上都要积极向上,勇攀高峰。

体育节具有团结、文明、拼搏三个特点。团结,是集体凝聚力的重要体现。没有团结的精神就没有运动会的成功,在运动会上,全校师生充分展现出团结进取、蓬勃向上的精神风貌。文明，是一个人素质的重要体现。每一个同学都应该是文明的使者，赛场上是文明运动员，观众席上是文明观众。拼搏，是生命充满活力的不竭动力，运动员们在赛场上发扬拼搏精神，一往无前、战无不胜，为学校运动会创造出新的纪录。全体运动员以良好的精神状态，积极投身各项竞赛活动。大力发扬吃苦耐劳、顽强拼搏、"友谊第一，比赛第二"的精神，在运动场上比思想、比作风、比纪律、比技术，赛出风格，赛出友谊。

我们认真落实课程标准，各项体育工作正常、有序开展。我校是上海市初中体育多样化改革的试点学校，按市初中体育多样化改革的方案及区教育局的要求，再结合学校师资、场地的实际情况，我校在六年级实行了"4＋1"的课程标准，即四节体育课加一节活动课的新的课程标准。启良中学九年级的体育课堂教学围绕学生的选项来开展教学，比其他学校起步得早。教师在课堂中的教学态度要认真，示范讲解要正确，在教学中要做好技术要点的讲解，力求简洁、明了、易懂、有效，同时对于学生的练习要设置相应的任务，以任务驱动，让学生在练习中不断增强自信，增加锻炼的有效性。

学校按教育部规定及市、区的相关要求，确保学生"每天锻炼一小时"，以及每次的学校上午大课间活动、下午一校一品活动都在二十分钟以上。学校每天安排学生上一节体育课或活动课，保证学生每天一小时的体育活动。学校开展"一校一品"特色课程，突出个性、注重实效，在评比活动中一直在全区前列，受到了市、区领导和专家的好评。在教研组研讨活动中，老师的想法多而且项目新颖，较符合改革中的要求，学校也在不断开展一些其他新颖项目，如轮滑、旱冰球等。

学校体育组的教学设计能体现学科转型的理念，方法多样。教师能主动探索、自制一些教具及辅助器材，来提高教学效果。学科育人价值在课中有所体现，教师善于抓住项目特点，利用学生的兴趣点来促进教学的有效性，能及时给予学生一些表扬与鼓励，学生积极练习，气氛活跃，都能较好地完成课中教师布置的练习。

同时，我们重视青年教师的专业发展。学校体育组是一个有活力的教研组，组内有学期计划，定期开展教研组活动，紧跟学科课程转型的步伐，探索教学的新理念、新方法，提高教学的有效性。保持现有的好势头，不断研讨、完善教学方法和手段，对学生的学习评价上做进一步的探索。

第三节　文化实践活动发扬优秀传统文化

清明,是一个缅怀先烈英雄的日子,他们以自己崇高的理想捍卫了祖国的尊严,以自己的血肉之躯为祖国的强盛作出了不朽的贡献。为了引导未成年人学习党史、国史和英模事迹,认识新中国的成立来之不易,我校开展以"扣好人生第一粒扣子"为主题的"清明祭英烈"系列活动,让学生在活动中缅怀先辈、学会感恩,继承先烈遗志、传承红色基因、弘扬优良传统。

我们通过组织祭奠老校长浦泳活动,表达对老校长的崇敬之情,让学生了解学校的校史,激发学生热爱学习、报效祖国的学习热情,做新时代明强少年。

浦泳先生是嘉定的一位著名教育家、艺术家和社会活动家。20世纪初,浦泳先生出生于嘉定的一户书香门第,他的父亲浦文球为清朝秀才,是上海著名书画家,因此浦泳从小就受到了良好的家庭教育。

20世纪30年代,浦泳先生加入中华职业教育社,抱着教育救国、启迪民智的理念,创办和经营了启良中学、启良小学、启良幼儿园。他担任过嘉定县简易师范学校校长,对教育事业倾注了大量心血,桃李满天下。

浦泳先生是一位社会活动家和爱国民主人士。他热爱祖国、热爱人民、热爱家乡,始终与时代同进。他的青年时代,祖国内忧外患,山河破碎。九·一八事变爆发后,他担任上海美专学生抗日救国会负责人,积极从事抗日救国的宣传活动;淞沪抗战爆发后,他担任嘉定县民众抗日救国后援会副会长,冒着敌人的炮火,满腔热忱地支援十九路军抗战,显示了他炽热的爱国热情;嘉定沦陷后,他避居海上孤岛,以"长发头陀"为号,耻与汉奸为伍,坚守可贵的民族气节。抗日战争胜利后,浦泳先生认清了历史发展的必然趋势,进步倾向更加鲜明。1948年,东方欲晓之际,他参与建设和发展民盟嘉定县小组。与中国共产党风雨同舟,共同战斗,为嘉定的解放作出了贡献。新中国成立后,浦泳先生担任历届县人民代表、政协委员,继续从事教育工作。在"反右倾"斗争中,浦泳先生被错划为"右派",遭受了批判和打击。尽管如此,他对祖国、对人民、对党的一颗挚爱之心始终不渝,虽九死而无悔。

1979年,平反后的浦泳先生先后出任县博物馆顾问、民盟嘉定县主委、县政协副主席。他不顾年迈体弱,积极投身社会活动,参政议政,为嘉定的文物保护和文化建设事业奔走呼吁,上书言事,提出了许多建设性意见,殚精竭虑,直至生命最后一刻。

我校创办于1904年,是一所具有悠久办学历史和优良教育传统的百年老校。在1934—1937年间,浦泳先生担任启良学校的校长职务。1937年,日机轰炸嘉定城区等处,启良学校也中弹遭殃。嘉定沦陷,学校停办。1946年浦泳筹备组织复校委员会,募集经费,9月1日启良学校开始复校。在学校的办学过程中,浦老先生功不可没。

一百多年前,浦泳先生提出:"当今要唤起民众,启发良知,教育救国,振兴中华。"故取校名为"启良";浦泳老校长还为"启良"亲书校训——"明强"。老校长创办"启良学校"的初衷,反映了在国难深重的近代中国知识阶层中浓郁的"教育救国"的社会思潮。只有通过"兴学养才",才能从根本上解救民族危机,让人强烈地感受到老校长炽热的爱国情怀和"国家兴亡,匹夫有责"的社会责任感。老校长的"明强"校训,更是他对"启良"学校的"教育救国"理想的进一步阐述,与"启良"校名组成了完善的、整体的教育思想和培养目标:"启发良知,既明又强。""启良明强"再次体现了他对"启良"学校寄托了完美的现代教育思想。"启良明强"所蕴含的丰厚的文化底蕴和深刻的教育内涵是学校拥有的取之不竭的精神财富。

每年清明,学生们怀着无比崇敬的心情来到这里,缅怀启良中学的创立者——浦泳老校长。活动前全体队员穿好校服、佩戴红领巾,班主任做好行为规范教育,并向队员介绍活动的安排。在革命烈士纪念碑前,同学们排成整齐的方阵,场面庄严肃穆。伴着哀乐声,同学们向革命先烈们三鞠躬,由两位同学代表全体六年级师生向革命先烈们敬献花圈,全体同学低首肃立,深切缅怀为新中国成立而英勇献身的革命先烈。

通过这种文化实践活动,学生懂得了一定要感恩。学生时代需要一个理想,有了理想,就有了向未来前进的动力。当然,若空有豪情的梦想,而不付诸实际行动努力,那么这一切都只是一个空想。古训云:"书山有路勤为径,学海无涯苦作舟。"无论是比较聪明的还是比较笨拙的,或是智力平常的人,要想获得考试成功或辉煌的业绩,都离不开长期的勤奋学习和刻苦努力。一分耕耘,一分收获,只有付出了辛勤的汗水,才能浇灌出成功之花。然而,勤奋并不是成功的主要条件,学习更不是整天泡在书本里,读得天昏地暗而不知所云。学习的关键在于思考,在于理解,在于知其然还要知其所以然,并由此达到举一反三的境界。

作为21世纪的学生,生在红旗下,长在新时代,要牢记校训,珍惜现在的生活,同时要加倍努力、强身健体,要明辨是非,树立起正确的社会主义荣辱观,要做一个有用的人。除此以外,还要从小养成热爱祖国、服务人民、崇尚科学、辛勤劳动、团结互助、诚实守信、遵纪守法、艰苦奋斗的品质。

第十章
"创新思维学堂"汇聚学生创新意识

第一节 创新思维培养的重要时代价值

教育的发展离不开政治、经济的发展,它们彼此之间相辅相成。政治、经济对教育有制约作用。社会经济的发展制约着教育的发展规模和速度、人才培养的规格和质量、课程的设置及教学内容,以及教育结构、教育制度、教学组织方式、教学方法等的变革。反过来,教育对经济也有影响,教育是使可能的劳动力转变为现实劳动力的基本途径,教育使科学知识得到普及和推广,并能产生新的科学知识,同时现代教育是提高劳动生产率的重要因素。

科学技术是第一生产力,是经济发展的技术,而创新是经济发展的动力,所以在学校教育中要着力培养学生的创新思维和创新能力,为科学技术的创新注入不竭的动力。

创新驱动的实质是人才驱动。习近平总书记在 2018 年两院院士大会上突出强调:"世上一切事物中人是最宝贵的,一切创新成果都是人做出来的。硬实力、软实力,归根到底要靠人才实力。"我国要建设社会主义现代化科技强国,关键是要建设一支规模宏大、结构合理、素质优良的创新人才队伍,大力培养造就一大批具有全球视野和国际水平的战略科技人才、科技领军人才、青年科技人才和高水平创新团队。激发各类人才的创新活力和潜力,极大调动和充分尊重广大科技人员的创造精神,激励他们争当创新的推动者和实践者,谋划创新、推动创新、落实创新。

作为学校,要大力推进创新教育。首先,培养创新思维,不同阶段、层次的教育都要注重培养和激发想象力、创造力,全面提升学生的创新意识和创新能力。其次,优化创新思维培养体系,以培养发明创造人才为宗旨,培植"敢于创新,勇于创新,善于创新"的丰厚土壤。最后,营造良好教育环境。应树立正确的职业导向,大力宣传科学与创新典型事迹,使科技、教育、医疗成为学生敬佩的职业。

科技节是我校培养学生创新能力的重要活动。科技节历时三周,聚焦创新、体验、成长三个关键词,这三个关键词准确地定义了科技的涵义。每一次大的科技突破,都会引发人们生活方式的变革,科技的源动力来自对美好生活的追求。科技节以系列科技创意活动为主线,旨在实现三个目标:一是为学生发挥想象力和创新力搭建舞台,让学生在活动中相互学习、合作共进,展现启良学子的才智与风采;二是让学生体验活动,了解生活中的科技元素,在参与科技发明创作的过程中,体会科技带来的生活乐趣;三是普及科学知识,弘扬科学精神,传播科学思想,让每位同学在创意活动中都能发现自我发展的潜能,树立正确的学习观,不断挑战自我。

科技节是我校校园文化的浓缩,是学校办学特色的呈现,是打造活力校园、展现师生魅力的重要舞台。科技节能够展现出启良师生朝气蓬勃、锐意进取、勇于创新的精神风貌,成为启良师生筑梦的起点。校园有了活动,就有了深厚的文化底蕴;校园有了科技,就有了创新的动力。

第二节 主题式跨学科课程设计与实施

一、拓宽课程局域,培养综合能力

跨学科课程重在培养学生的基本技能、批判性的思考能力、解决问题的能力、利用图书馆和信息的能力、创造性思维及艺术表现的能力。通过跨学科课程的学习,学生学会比较不同的学科和理论观点、理解综合的力量,学会使用对比方法阐明一个或一系列问题,其中心目的是促进学生学习的综合化,使学生的知识结构和知识体系成为一个紧密联系的整体,形成整体知识观和生活观,以全面的观点认识世界和解决问题。

学校在培育学生的创新意识方面,积极采取主题式跨学科课程设计,提高了学生的思维能力和技能水平。比如在沪教版初中《生命科学》第五章第二节"生态系统的结构与功能"的"信息库'上海的湿地自然保护区'"中有介绍崇明东滩湿地生态系统的内容,教师以此为切入点,认识我市崇明东滩鸟类国家级自然保护区。对鸟类与湿地生态系统知识的学习便于学生理解人类对环境的影响,让学生对自己生活周围的具体环境进行认真观察,有一定的辨识与认知,对生态环境的变化进行思考与自省。

课程设计的意图就是结合鸟类、生态知识,阅读文字材料与全球鸟类迁徙地图、中国气候类型图等图片信息,了解崇明东滩保护区的生态与环境,思考人类对生态环境的影响。通过问题分析、交流与整合,解释东滩保护区的生态环境特点,提高信息收集、处理和问题分析的能力,形成人与自然可持续发展的观念。同时,引导学生去观察分析身边的环境,在思考与探究中有所收获和感悟,并懂得举一反三,将其应用到生活中去。学生通过对湿地生态系统与动植物的认知,获取保护区"有丰富的生物性""湿地生态"等信息,并分析得出"保护区能为鸟类提供丰富食物与栖息环境"。学生以此为例,可在文字材料与图片信息中获取保护区滩涂面积大、人类数量少、鸟类迁徙路线中段、亚热带季风气候、人为长期保护生态等信息。结合所学的生命科学知识,与保护区的地理特征,对答案作出分析与推断。

教师通过让学生主导来展示其推断过程,并对其学科知识点进行巩固,同时通过对问题进行综合分析的练习,对学生的语言表达进行锻炼。在整合推断的过程中,锻炼了学生归纳总结的能力。在活动中,学生以小组为单位,陈述自己的推断并呈现在黑板上,其他学生补充交流。最后学生以个人为单位,整合答案。

二、提升学科素养,促进学习能力

拓展课程是教师在实施国家课程的过程中,为了更好地提升学生的学科素养,在现有教材的基础上,基于学生的学习能力,教师自己寻找教学资源,自主开发的课程。学校拓展型课程的开发与实践,是实现学生培养目标的重要载体,通过开设不同类型的课程,培养学生学习兴趣、激发学生内在潜能、树立学生的自信心,以此来提升学生的能力与素养。拓展型课程的开发也是学校办学质量和办学特色的重要标志。

拓展型课程(见表 10-1)是我校校本课程建设的重要部分,在建设拓展型课程的过程中,我校努力贯彻《上海市普通中小学课程方案》的要求,依据《上海市普通中小学课程方案》《上海市中小学拓展型课程指导纲要》《上海市学生民族精神教育指导纲要》和《上海市中小学生生命教育指导纲要》等纲领性文件,落实学校"为每一个学生的幸福成长奠基"的办学理念,结合文化艺术学堂育人理念,以学生为本,拓宽学生的知识范围,培养学生的个性发展,培育学生多元的综合素养形成。

我校在实施拓展型课程过程中,针对我校学生的学习能力和知识基础,充分利用学校现有的师资力量和教育资源,通过内容丰富的拓展型课程,优化学生的知识结构,改善学生的学习方式,提高学生的思维品质,促进学生形成健康、良好的个性特长与心理品质。

我们努力培养教师为学生发展服务的教育意识,努力挖掘教师潜能,体现教师的价值,促进教师一专多能,进一步提高教师的学习能力和课程开发能力,使其为学校的文化建设作出自己的贡献。随着拓展型课程实施的不断深入,我们不断积累课程开发经验,将成熟的拓展型课程纳入必修的校本课程范畴,形成自身特色。

课程的开发遵循基础衔接、目标导向以及适宜性三个原则。首先是基础衔接原则,开发的拓展型课程以基础型课程为出发点,满足学生的个性特长和生存发展需要。通过拓展型课程弥补基础型课程中缺乏的技能类、技术类的学习;通过教学学习方法,帮助学生在基础型课程中获得新的学习体会。其次是目标导向原则,开发的拓展型课程应该具有鲜明而正确的目标导向,坚持与党的方针政策保持一致,宣传正确的科学观点,培养学生正确的世界观、人生观、价值观。最后是适宜性原则,开发的拓展型课程应该以学生为本,充分研究校情、学情,根据学生现有的学习能力和知识基础,合理利用学校现有的教育教学资源,形成学生感兴趣的课程内容。

课程实施要遵守综合性、探究性、创新性和发展性原则。在课程实施过程中,增强课程内容与现实生活的联系,充分利用信息技术与各种教育资源,融合各学科知识,从不同角度运用多种方式、方法,发挥课程的整体效应。在课程实施过程中,要加强学生的思维训练,注重思想方法的指导,培养学生的实践探究能力。在课程实施过程中,要坚持开放和创新原则,在教学过程中倡导探究式教学,使学生在不断的实践和体验中获取新知识,掌握新技能。以过程性评价和个人性评价为主要评价方式,鼓励教师创造性地实践各种多元的、有效的评价方法。

我们设置了课程领导及考核小组,职务有组长、副组长以及相关教研组长。组长的职责是对学校拓展型课程的开发、实施及评价等工作全面负责。副组长的职责是根据学校统一部署,落实专人负责计划、执行、检查、评估全校各门课程及各教研组的课程教学工作;组织协调各教研组的各项工作的关系,落实各项课程管理措施,部署执行《拓展型课程实施方案》。相关教研组长的职责是根据学校的《拓展型课程实施方案》负责教师拓展型课程的开发、实施、评估等具体工作;积极开设拓展型课程的座谈会,来了解课程开发与实施的基本情况;总结好教师的授课经验,为新一轮的学校课程建设提供重要的基础,在以后的日子里加强改进,促成校本课程的优化建设;进行集中的拓展型课程、研究型课程与教学调研,通过听取启良中学分管校长所作的学校汇报,查看学校提供的学校课程计划、拓展型课程和研究型课程相关材料,访谈备课组长和相关教师,观察各年级课表,来促进研究型课程的开展。

表 10-1 嘉定区启良中学拓展型课程图谱

课程目标	线课程领域	点课程名称			
		国家课程	校本课程		八年级
			六年级	七年级	
明德自信有良知 明责自治爱生活 明学自创会学习	语言智能	语文、英语	诵读擂台、教育戏剧、英语课本剧、英语小剧场	诵读擂台、教育戏剧、英语课本剧、英语小剧场	学科类拓展
	逻辑智能	数学	智慧数学	智慧数学	
	自然科学	物理、化学、科学、技术	绿色生态园、无人机 DIY、三模、AI 机器人、智能车、APP 开发制作	绿色生态园、无人机 DIY、三模、AI 机器人、智能车	
	人文社会	思想政治(道德法治)、历史、地理	走遍天涯、历史名将	走遍天涯	

续 表

课程目标	线课程领域	点课程名称			
		国家课程	校本课程		
			六年级	七年级	八年级
	音乐智能	音乐	合唱、管乐团、舞蹈	合唱、管乐团、舞蹈	
	视觉智能	美术	书法、匠心营造、影视制作	书法、匠心营造、影视制作	
	动觉智能	体育与健康	啦啦操、轮滑、篮球、综合体能	啦啦操、轮滑、篮球、综合体能	
	生活技能		救护技能	烘焙社团	
合计			24	22	8

第三节　研学实践活动拓宽学生科学视野

我校的研学旅行继承和发展了我国传统游学"读万卷书,行万里路"的教育理念和人文精神,是研究性学习与旅行体验相结合的校外教育活动,也是学校教育、社会教育、家庭教育相衔接的实践性学习形式。我们基于"教学做合一"的理念、方法和模式,根据孩子的成长规律和特点,设计实施不同学段的研学课程,培养孩子的科学思维方式和学习能力,培养学生的良好思想品德和健全人格,实现素质教育的目标。

研学旅行是由学校统一组织,紧密联系学生的学习生活,从自然、地理、历史、人文、科技、体验六大类别中选择和确定研学主题,在动手做、做中学的过程中,主动获取知识、应用知识、解决问题的集体学习活动。在研学旅行过程中,学生践行社会主义核心价值观,增强了对党、对国家、对人民的热爱之情;能够主动适应社会,将书本知识和社会实践深度融合,成为国家需要的创新人才。

继承优秀的传统文化是学校"立德树人"的要求,我们将精心规划研学旅行的环节,让同学们在旅行的过程中能够受到文化的滋养和熏陶。比如"访一大会址、学红船精神"研学活动。学生追随着前辈的革命历程,先后去了上海中共一大会址、绮园、张乐平纪念馆、南湖革命纪念馆等。在活动中,学生根据研学手册的内容,学习中国共产党成立的知识,了解嘉兴悠久的红色文化历史、张乐平等革命人士的英雄故事。在南湖革命纪念馆,七年级的学生又重温了少先队入队宣誓。他们亲临嘉兴南湖——中国共产党诞生地,感受中国共产党诞生的曲折历程;参观南湖革命纪念馆,在重温历史、学习历史的同时,经受一次心灵的洗礼。学生通过认真学习、分组探讨,寻找红色基因,感受红船精神——开天辟地、敢为人先的首创精神,坚定理想、百折不挠的奋斗精神,立党为公、忠诚为民的奉献精神。

在旅行的过程中同学们不但可以陶冶情操、增长见识、体验不同的自然和人文环境,而且可以提高学习兴趣、提升自理能力、创新精神和实践能力,并且追寻先辈的革命足迹,学习党的发展历史,了解革命意义,接受革命传统教育,传承革命精神。比如"跟着课本游绍兴"是暑假举办的一次研学活动。同学们前往浙江绍兴的历史名迹,在鲁迅故里解读鲁迅作品,品味鲁迅笔下的风物,感受鲁迅当年生活情境的真实场所;在沈园品味千古名篇《钗头凤》背后动人的故事,感受南宋著名爱国诗人陆游的爱国、爱乡情怀;参观鹅池碑、御碑亭、兰亭碑、右军祠,欣赏历代名家墨宝、各体书风;感受1600多年前兰亭雅集的趣味;在东方山水陆公园尽情畅玩绍兴东方山水乐园——陆公园。这些活动可以让学生切身地感受历史的古韵,接受审美艺术以及传统文化的熏陶。

具体的活动流程是,首先到"文豪诞生地——鲁迅故里"了解鲁迅作品、品味鲁迅笔下的古城风情,跟着一代文豪鲁迅先生的成长足迹重走文豪之路。到三味书屋私塾上课,跟先生一起念《三字经》,对对子。在百草园里上一堂户外课,寻找课本里的"桑椹、菜畦、石井栏、泥墙根、皂荚树……"

接着前往宋代园林,探陆游史迹,了解诗人陆游的生平事迹。陆游一生笔耕不辍,在诗词文上俱有很高成就,其诗语言平易晓畅、章法整饬谨严,兼具李白的雄奇奔放与杜甫的沉郁悲凉,尤以饱含爱国热情对后世影响深远。

最后走进兰亭,朝拜书圣"王羲之",接受书法文化熏陶;了解五种书体——篆书、隶书、楷书、行书和草书；参观鹅池碑、御碑亭、兰亭碑、右军祠等古迹，欣赏历代名家墨宝、各体书风。学生还可以通过描红的方式，感受书法艺术的魅力。

　　除了领略这些传统文化的魅力，学生还可以前往山水公园，接受国防教育。在学生于公园中游乐、放飞心情的同时，科普国防教育，激起同学们的爱国主义情怀。园内还设有现代科技展览，可以参观直升飞机、坦克、步战车、歼-10、自行火炮、航母、火箭等仿真模型。学生还可以在航天航空返回舱里体验，穿着航天服在"梦幻空间"中感受失重的新奇体验。

参考文献

[1] 陆正芳,胡文耕.大课程理念引领下的学校课程体系建构与实施——启良中学幸福课程校本化实施的探索和实践[J].现代教学,2019(24):16-18.

[2] 胡文耕.基于"明强"目标的家校协同育人机制探索与构建[J].现代教学,2019(Z3):82-84.

[3] 邵丽琴.基于初中班级育人目标促进家校沟通的有效策略探析[J].现代教学,2021(12):65-67.

[4] 曹慧萍."明理至善"办学理念下中小学德育衔接实践探究——以华南理工大学附属实验学校为例[J].中小学德育,2020(05):38-41.

后 记

　　这本著作是学校参加上海市提升中小学（幼儿园）课程领导力行动研究（第三轮）项目实验校的主要成果。2019年学校确立了两个课程领导力研究项目："基于校训文化的课程计划编制与实践研究""基于'成长课堂'构建的作业研究与实践"。项目于2022年结题，经专家鉴定验收，被评为优秀。

　　这本书稿记录着学校近四年的发展历程，这四年学校经历了上海市初中强校工程，迎来了新优质校的创建，也获得了多项学校自开办以来首次获得的市、区级荣誉。书稿同时也记录着教师团队的成长，姜晓波、刘芳芳、闻峰、周兵、胡文耕、严志英、孙肖怡、黄子芸、马鸣鸣等几位老师参与了主要的研究任务；全体教师参与了子项目的研究。这个过程是不断探索、攻克难题的过程，为教师专业成长提供了平台和机会，也收录和分析了教师实践案例。本书最终能够顺利出版，得到了上海市教育委员会教学研究室教研员张玉华的指导和帮助，还得益于出版社编辑认真负责的工作，在此一并致谢。